Heike Malisic

Leben
mit allen Sinnen

Befreit handeln –
entspannt genießen

SCM R.Brockhaus

SCM
Stiftung Christliche Medien

Danksagung

Für alle Erfahrung, die ich in meinem Leben machen durfte, und die vielen Geschichten, die dadurch entstanden sind, danke ich meinem Mann Vlado und meinen Kindern Manuel, Julian, Jonathan, Steven und Joana.

Außerdem gilt mein Dank meiner Freundin Beate für viele inspirierende Gedanken; allen, die zu diesem Buch beigetragen haben, sei es durch die Erfahrungsberichte, Fotos oder Ermutigung; Klaus Hohnwald für die wunderschönen Fotos; und letztendlich meinem Verlag und meiner Lektorin Frau Dr. Stephanie Dressler, die mir die Möglichkeit gaben, meine Gedanken in einem Buch zu veröffentlichen.

Die Bibelzitate sind folgenden Ausgaben entnommen:
Neues Leben. Die Bibel
© 2002 und 2005 SCM Hänssler im SCM-Verlag GmbH & Co. KG, Holzgerlingen
Lutherbibel, revidierter Text 1984, durchgesehene Ausgabe in neuer Rechtschreibung, © 1999 Deutsche Bibelgesellschaft, Stuttgart.

Abbildung „DNV Nordic ALFA Technik" © DNV e. V., www.dnv-online.de

Text „Die Geschichte vom Blumentopf und dem Bier" aus: LaMa, der lachende Manager, ISSN 1861-3772, www.communication-college.org

Text von „ich + ich" aus:
„Schütze mich"
Text & Musik: Annette Humpe
© 2007 by Ed. Ambulanz c/o George Glueck Publishing GmbH.

Zitate von Bertolt Brecht aus: Der Jasager. Der Neinsager, in: Bertolt Brecht, Werke. Große kommentierte Berliner und Frankfurter Ausgabe, Band 3, Stücke 3, © Suhrkamp Verlag Frankfurt am Main 1989

© SCM R.Brockhaus im SCM-Verlag GmbH & Co. KG, Witten
Gesamtgestaltung: Dietmar Reichert, Dormagen
Titelfoto und Innenfotos: Klaus Hohnwald, Appenweier
Druck: Druckerei Theiss, Österreich – www.theiss.at
ISBN 978-3-417-26276-6
Bestell-Nr. 226.276

INHALT

Vorwort		9
Einleitung		10

1. Wenn alles zu viel wird 11
 Unzufrieden und erschöpft 11
 Burn-out und warum so viele darunter leiden 20

2. Nachdenken 26
 Ein Wochenende Zeit 26
 Was läuft gut? 29
 Was würde ich gerne verändern? 31
 Was kann ich nicht verändern? 32
 Was kann ich verändern? 33

3. Risikobereitschaft 36
 Was werde ich dafür tun? 36
 Was wird Gott für mich tun?
 Die geistliche Seite von Veränderung 39
 Die Voraussetzung für Veränderung: Selbstannahme 40
 Bei allem: Gelassenheit 41

4. Bilanz ziehen: Vom Träumen ins Handeln 43
 Mein Temperament 44
 Mein Äußeres 46
 Meine Kinder 51
 Meine Ehe 52
 Meine Arbeit 57

5. Life balance: Veränderung kann stattfinden 59
 Zeit finden 59
 Ruhe finden 66
 Nur ein wenig Zeit für mich: Was jeden Tag geht 73
 Viel Zeit für mich: Was geplant sein will 80
 Ernährung 87
 Bewegung 93
 Schlaf 97
 Den Funken entdecken 100

Anstelle eines Nachworts: Es liegt in Ihrer Hand 106

Für uns, weil wir es nötig haben!

Vorwort

Mal ehrlich: Lesen Sie jemals ein Vorwort? Ich nicht. Als Heike mich bat, für das vor Ihnen liegende Buch ein Vorwort zu schreiben, sagte ich trotzdem gerne zu. Denn ich möchte die Gelegenheit nutzen, Sie ein bisschen mit der Autorin und ihrem spannenden Lebensstil bekannt zu machen.

Heike und ich haben unser erstes Buch „Lebe leichter" gemeinsam geschrieben. Das war ein spontaner Entschluss, nachdem wir uns erst eine halbe Stunde kannten. Heike liebt neue Projekte – und wenn sie erst einmal Feuer gefangen hat, lässt sie nicht davon ab, bis sie ihre Pläne in die Tat umgesetzt hat. Dabei beweist sie stets auch Liebe zum Detail.

Ich beobachte das im Umgang mit ihrer beachtlich großen Familie, deren Herzstück sie ganz offensichtlich ist. Ich stelle es fest bei ihrer erfolgreichen Arbeit als selbstständige Ernährungsberaterin. So habe ich sie bei unserer Zusammenarbeit zum Buch und Hörbuch „Lebe leichter" erlebt. Viele Vorträge habe ich inzwischen von Heike als Referentin gehört – sie hat die Fähigkeit, Herzen zu berühren. Die Kurse, die sie als ausgebildeter Nordic-Walking-Basic-Instructor leitet, geben den Teilnehmern nicht nur das nötige Know-how, sondern machen in erster Linie Spaß – und das muss wohl an Heike selber liegen. Und Freunde, Kunden und Leser unseres ersten Buches können in ihrem Internettagebuch fast täglich einen kleinen Einblick in Heikes aufregendes Leben erhalten.

Gemeinsam mit ihrem Mann hat sie nicht nur ein Teefachgeschäft gegründet, das eine wahre Augenweide ist, sondern auch eine kirchliche Gemeindearbeit vor Ort. Und nun steht ihre Ausbildung zur Entspannungspädagogin an.

Eigentlich wollten wir auch dieses zweite Buch gemeinsam schreiben. Wir hatten schon die Kapitel aufgeteilt und die ersten E-Mails mit fertiggestellten Texten gingen von ihr zu mir und wieder zurück. Doch dann konnte und wollte ich das Tempo nicht mehr halten – und stieg aus. Heike nahm meine Absage sportlich. Sie gab einfach ein bisschen mehr Gas und schrieb „Leben mit allen Sinnen" halt allein.

Heike, du bist eine tolle Frau – und wie gut ist es, dass das Buch von vorne bis hinten von „Entspannung" handelt. Trotz aller Herausforderungen das Leben zu lieben – und es mit allen Sinnen zu genießen –, du machst es uns vor.

Beate Nordstrand

Einleitung

Ich habe einen Traum. Ich sehe Frauen mit lächelnden Gesichtern, die sich an ihrem Leben erfreuen. Frauen, die gelernt haben, sich so zu lieben, wie sie sind. Frauen, die ihre Gaben erkannt haben und sie gerne ausleben. Mütter, die gerne Mütter sind, Ehefrauen, die gerne Ehefrauen sind. Frauen, die ihrer Arbeit gerne nachkommen. Frauen, die sich und der Gesellschaft wohltun. Die wissen, was sie möchten, die unterscheiden können zwischen dem, was ihnen guttut, und dem, was ihnen schadet. Frauen, die ihrer inneren Sehnsucht nachgehen, die Ruhe in sich und bei Gott finden. Frauen, die ausgelassen sind, die wieder lachen können, Frauen, die Lust am Leben haben und eine positive Ausstrahlung verbreiten. Frauen, mit denen man gerne zusammen ist. Frauen, die ohne schlechtes Gewissen auch mal an sich denken, die sich nicht rechtfertigen, sondern selbstbewusst ihren Weg gehen.

Kann ich behaupten, diesem Traum auch nur ansatzweise zu entsprechen? Bestimmt nicht. Es ist ein Traum, aber ich versuche Möglichkeiten zu finden, diesen Traum Wirklichkeit werden zu lassen. Ich möchte vom Träumen ins Handeln kommen.

Verspüren auch Sie diesen inneren Wunsch, eine Wende in Ihrem Leben zu vollziehen? Steckt eine nicht zu verleugnende Sehnsucht in Ihnen, die Sie nicht definieren können? Ahnen Sie, dass es da noch mehr gibt, als Sie bisher erfahren haben? Möchten Sie Ihr Leben besser leben, befreit handeln und entspannt genießen? Dann träumen Sie mit mir. Vielleicht wird auch Ihr Traum Wirklichkeit. Vielleicht gelingt es Ihnen, diese innere Sehnsucht ans Licht zu bringen. Es steckt viel mehr in uns, als wir das jetzt vielleicht erkennen. Gott hat uns Frauen mit ganz bestimmten Gaben und Fähigkeiten ausgestattet, aber auch mit großen Sehnsüchten. Lassen Sie uns gemeinsam das Geheimnis lüften, wie man eine glückliche Frau wird.

1. Wenn alles zu viel wird

Unzufrieden und erschöpft

Völlig unerwartet, immer in Augenblicken, in denen ich nicht damit rechnete, liefen mir die Tränen übers Gesicht. Es gab keinen offenkundigen Grund, keinen Anlass, aber irgendwie kam mir mein Leben nur schwer und mühsam vor, und ich spürte eine nicht zu erklärende Unzufriedenheit. Dabei hatte ich so hehre Idealvorstellungen davon, wie mein Leben zu laufen hatte. Ich war seit neun Jahren verheiratet, wir hatten drei Kinder, wohnten in einer schönen großen Wohnung mit noch größerem Garten. Mein Mann war als Pastor in einer wachsenden Gemeinde angestellt. Eigentlich hätte es uns gut gehen sollen. Aber nichts war gut, zumindest empfand ich das so. Ich hatte das Gefühl, permanent überfordert zu sein. Nichts von dem, was ich tat, schien mir wirklich gut zu gelingen. Mich beschlich das nagende Gefühl, mich in einem Hamsterrad zu bewegen, aus dem ich nicht mehr aussteigen konnte.

> Ich hatte das Gefühl, permanent überfordert zu sein.

Durch unsere finanzielle Situation war ich schon immer gezwungen, nebenbei noch ein wenig zu arbeiten. Außerdem hielt ich es als Pastorenfrau für selbstverständlich, ehrenamtlich in der Gemeinde mitzuwirken. Die Kinder, alles Jungs, forderten mich bis an meine Grenzen. Der große Haushalt und noch größere Garten wuchsen mir über den Kopf. Dabei hatte ich den Anspruch, möglichst alles perfekt hinzubekommen. Ich wollte mir selbst beweisen, dass ich das schaffen konnte, möglichst aber auch alle anderen beeindrucken. Äußerlich schien alles in bester Ordnung zu sein. Ich wurde bewundert dafür, wie ich anscheinend mühelos alles im Griff hatte. Nur ich selbst und meine Familie wussten, dass das alles nur Fassade war. Ich wurde unzufrieden mit mir und meiner Situation und konnte nicht einmal richtig definieren, woran es genau lag. Ich verschlang ein schlaues Buch nach dem anderen in der Hoffnung auf eine Lösung und versuchte, mein Leben mit mehr Plänen, Zielen und Listen zu bewältigen. Einiges half mir, vieles setzte mich noch mehr unter Druck.

Mein Körper reagierte mit einer Schuppenflechte auf meine seelische Verfassung. Jetzt musste etwas passieren. Ich bekam von der Krankenkasse eine Mutter-Kind-Kur bewilligt und kam während meines Aufenthalts zu der Entscheidung, endlich auch für mich etwas zu tun. Trotzdem musste die Umsetzung noch ein Jahr warten. Wir hatten mittlerweile vier Kinder, drei leibliche und einen angenommenen Sohn (ich frage mich heute immer wieder, wie ich damals noch in der Lage war, ein

Kind aufzunehmen). Ich kann nicht einmal genau sagen, was letztendlich die Wende brachte. Da ich nicht nur mit meinem Inneren, sondern auch mit meinem Äußeren unzufrieden war, nahm ich zunächst innerhalb von vier Monaten 16 kg ab. Mit der Zeit lernte ich, nicht nur den äußeren, sondern auch den inneren Ballast abzuschütteln. Dann entstand die Idee, selbst Ernährungsberaterin zu werden und anderen Frauen zu helfen, ihr Gewicht in den Griff zu bekommen. Da ein Leben mit weniger Kilos allerdings nicht unbedingt auch leichter ist, begann ich mich gleichzeitig verstärkt in unserer Gemeinde in der Frauenarbeit zu engagieren. Ich wollte Frauen Hilfestellung im Alltag geben und vor allen Dingen eine Möglichkeit bieten, Gott persönlich kennenzulernen. Parallel investierte ich auch Zeit in mich selbst und merkte, wie gut mir das tat.

Zeit für mich

Momente im Alltag für sich zu nehmen bedeutet nicht nur, gemütlich auf dem Sofa zu liegen und ein Buch zu lesen. Bedeutet nicht, ab und zu mal ins Fitnessstudio zu rennen, um ein paar Kalorien zu verbrauchen. Zeit für sich meint auch, sich mit sich selbst auseinanderzusetzen. Denn nur dann, wenn ich mein eigenes Ich kennengelernt habe, wenn ich weiß, wer ich tief im Inneren meines Herzens wirklich bin und wie meine Träume aussehen, wenn ich mich mit meinem Temperament versöhnt habe, meine Gaben, die Gott mir gegeben hat, einsetze, bin ich in der Lage, ein glückliches Leben zu führen.

> Nur wenn ich mich kenne und annehme, bin ich in der Lage, ein glückliches Leben zu führen.

Auf der Überholspur

Noch heute erwische ich mich immer wieder dabei, wie ich ein hektisches Leben auf der Überholspur lebe. Ich gehöre zu den Sprinterinnen, zu denen, die mal eben schnell einen Hundert-Meter-Lauf absolvieren. Aber unser Leben ist ein Langstreckenlauf, und so musste und muss ich lernen, immer wieder Pausen einzulegen. Ich renne viel zu oft viel zu schnell und bin dann nach einem Sprint total erschöpft. Während ich früher trotz Erschöpfung weiterlief, lerne ich heute, auf meinen Körper zu achten. Merke ich, dass es nicht mehr geht, lege ich Pausen ein, gönne mir etwas Gutes, versuche mich selbst zu erfreuen. Das Wichtigste, was ich in all den Jahren gelernt habe, ist, dass nichts mir so viel Entspannung, Ruhe und Ausgeglichenheit schenkt wie das Beten und das Lesen in Gottes Wort, der Bibel. Ein ermutigendes, verheißungsvolles Wort im richtigen Moment hilft mir, die Sorgen abzuschütteln, und gibt mir neue Kraft.

So werde ich vielleicht nie die ruhige, besonnene, ausgeglichene Langstreckenläuferin. Mein Temperament entspricht eher dem Spontanen, Lebendigen, Schnellen. Aber ich habe gelernt, nach Höchstleistungen eine Pause einzulegen. Meine Freundin Beate Nordstrand, mit der ich gemeinsam das Buch „Lebe leichter" schrieb, kam mit 30 Jahren zu der Erkenntnis: „Mit diesem Körper würde ich alt werden.

Keine Chance auf ein Austauschmodell nach einigen Jahren. Mein Lebensstil, meine Entscheidungen und auch meine Versäumnisse würden an diesem Körper unauslöschliche Spuren hinterlassen. Einfach so weiterzumachen wie bisher wäre fahrlässig. Mein Lebenstempo war zu hoch und viele meiner Verhaltensweisen, bewusste wie unbewusste, waren ziemlich ungesund."

Nicht nur mit unserem Körper werden wir alt, sondern auch mit unserer Seele und unserem Geist. Das, was wir uns antun im Positiven oder auch im Negativen, sei es körperlich oder auch seelisch, wird Auswirkungen auf unser Leben haben.

Mein Ziel ist es, eine Balance in alldem zu finden und die mir von Gott gegebenen Gaben richtig und maßvoll einzusetzen. Ich lerne dabei nicht dem Anspruch der Gesellschaft zu genügen, sondern nur mir selbst und Gott. Das wünsche ich mir, davon träume ich. Vielleicht bin ich noch sehr weit von diesem Traum entfernt, aber auf jeden Fall rücke ich immer näher an dieses Ziel heran. Ich erfreue mich an meinem Leben, ich bin zufrieden und versöhnt mit mir und meinem Temperament, ich liebe es, Großes zu bewegen, aber erfreue mich genauso am Kleinen. Mit mittlerweile 42 Jahren weiß ich, dass man nie ausgelernt hat und dass Veränderung immer noch möglich ist. Auf vieles, was ich im Leben geleistet habe, schaue ich voll Zufriedenheit zurück, vieles hätte ich gerne anders gemacht. So wird auch die Zukunft immer wieder neue Herausforderungen und Entscheidungen mit sich bringen. Es wird nie langweilig, aber es lohnt sich, das Leben zu genießen.

Warum nehmen Frauen sich selbst nicht wichtig?

Meine Freundin Anne ist das typische Beispiel einer Frau, die sich selbst nicht wichtig nimmt. Schon kurz nach ihrer Ausbildung fand sie einen Beruf, der ihr nicht nur Spaß machte, sondern sie auch auf jede erdenkliche Weise herausforderte. Sie wollte alles perfekt machen. Nach kurzer Zeit wurde sie bereits befördert. Voller Elan und Selbstvertrauen steigerte sie sich in ihre Arbeit hinein, machte Überstunden, ohne sie sich bezahlen zu lassen. Ein paar Jahre später lernte sie Thomas kennen. Sie verliebten sich ineinander. Bereits nach zwei Jahren läuteten die Hochzeitsglocken. Beide wünschten sich eine Familie, und so bekam Anne bald ihr erstes Kind, eine kleine Tochter. Ihr Aufgabengebiet veränderte sich schlagartig. Früher hatte sie von ihren Arbeitskollegen und vom Chef der Firma Lob und Anerkennung erhalten. Jetzt hörte sie nur noch das Geschrei ihres Babys und die vorsichtigen Beschwerden ihres Mannes über die unaufgeräumte Wohnung und das Essen. Anne musste entscheiden, wie es weitergehen sollte. Also überwand sie ihre Müdigkeit, arbeitete noch ein bisschen mehr, wälzte Kochbücher und Einrichtungszeitschriften. Sie las Erziehungsbücher, um ihrem Kind den bestmöglichen Start ins

Leben zu geben. Sie schaffte es, die Wohnung stilvoll einzurichten und zu einem gemütlichen Ort werden zu lassen. Wenn Thomas abends von der Arbeit nach Hause kam, tischte sie ihm seine Lieblingsspeisen auf. Die Kleine war versorgt, ihr Mann schien zufrieden zu sein.

Das Ideal

Ist es nicht so, dass wir Frauen uns meist über unser Aussehen und unsere Leistung identifizieren? Du bist, wie du aussiehst und was du schaffst. Während einem Mann der eigene Erfolg und das Ansehen wichtig sind, geht es Frauen beim Stichwort „Leistung" eher um das Verantwortungsbewusstsein. Wir übernehmen für alles und jeden Verantwortung, vom Sockensortieren für die ganze Familie bis hin zum Lebensglück der Freundin. Das sitzt in unseren Köpfen, und wir meinen, immer und überall diesem Anspruch gerecht werden zu müssen. Auf eine manchmal schon perverse Art verschafft es uns Befriedigung, uns selbst ins Abseits zu räumen und in der Fürsorge für andere aufzugehen. „Sie opferte sich für ihre Lieben auf." Dieses Ideal steckt noch in uns drin, orientieren wir uns doch zu gerne an der fleißigen Hausfrau aus den biblischen Sprüchen, Kapitel 31. Aber was haben die anderen davon? Gebügelte Unterhosen und ständiges Genörgel. Ein Zuhause, das durch den Putzwahn und die Unzufriedenheit der Mutter nicht wirklich behaglich ist. Denn schließlich: Wenn ich nicht meinen Wünschen gemäß leben darf, weil ich für euch alle sorgen muss, dann sollt ihr mir zum Mindesten auf ewig und dauernd tief dankbar sein. Im schlimmsten Fall dürft ihr auch nicht so leben, wie ihr wollt. Einfach aussteigen? Geht nicht, irgendetwas hält uns gefangen. Was schließlich denken die Leute von mir, wenn ich mitten am Tag im Schaukelstuhl sitze und ein Buch lese? Was für einen Eindruck macht es, wenn das wuchernde Unkraut im Garten nicht gejätet ist? Bin ich eine schlechte Mutter, wenn ich meinem Kind nicht selbst gekochte Biomahlzeiten vorsetze?

> *Was schließlich denken die Leute von mir, wenn ich mitten am Tag im Schaukelstuhl sitze und ein Buch lese?*

Auch Anne hat sich über ihre Leistung identifiziert und wurde immer unzufriedener. Irgendwann vor einiger Zeit saß sie schluchzend in meinem Wohnzimmer und ließ ihrem Kummer freien Lauf: Sie sei so unglücklich, meckere immer nur an ihrer Tochter herum, in der Ehe krisele es auch bereits, sie schaffe ihr Arbeitspensum nicht mehr, bekomme kaum noch Schlaf, da sie bis spät in die Nacht noch putze, damit alles ordentlich sei. Und jetzt fordere sie ihr Mann sogar noch auf, nebenbei zu arbeiten, da das Geld nicht reiche. Sie wusste nicht mehr, wie sie das alles noch schaffen sollte. Am liebsten hätte sie ihre Koffer gepackt und wäre weggelaufen. Dabei schien nach außen hin alles perfekt zu sein.

Ich konnte sie so gut verstehen. Es gab eine Zeit, da ging es mir ähnlich. Total überfordert mit drei kleinen Kindern und der ganzen Arbeit, vor allem aber meinem eigenen Leistungsanspruch, hatte ich auch schon mal die Reisetasche gepackt und war dann doch wieder umgekehrt. Das war vor meiner Mutter-Kind-Kur, vor meiner bewussten Lebensveränderung. Und so nahm ich Anne in den Arm, beruhigte sie und begann mit ihr ein tiefgründiges, langes Gespräch über ihr Leben.

Finden Sie sich wieder in der Geschichte von Anne? Sind es nicht genau diese Herausforderungen und unsere eigenen Ansprüche, die uns das Leben so schwer machen?

Ich müsste mal …

„Ich müsste eigentlich mal etwas für mich tun." Kennen Sie diesen Gedanken? Ich hatte ihn immer wieder, gerade in Zeiten, in denen die Kinder noch klein waren. Aber was sich so einfach sagt, ist nicht so leicht getan. Was tun, wenn man kleine Kinder im Haus hat, die von morgens bis abends konzentrierte Aufmerksamkeit fordern? Woher die Zeit für sich selbst nehmen? Ich kann mich noch gut erinnern, wie es war, als unser erstes Kind ein Baby war. Da saß ich mittags noch immer im flauschigen Morgenmantel am Frühstückstisch, hatte noch keinen Bissen gegessen, geschweige denn irgendetwas aufgeräumt. Die Nächte wurden zum Albtraum, an Schlaf war nicht zu denken. Für das Stillen, Wickeln und Herumtragen des Säuglings gingen Stunden drauf. Wenn unser kleiner Sohn dann in seiner Wiege lag, war der Haushalt dran. Auch mein Mann forderte meine Aufmerksamkeit und so war ich hin- und hergerissen zwischen den verschiedenen Anforderungen und wollte es jedem recht machen. Nur ich selbst blieb auf der Strecke. Ratschläge von Freundinnen wie: „Wenn der Kleine mittags schläft, leg dich doch auch hin", beherzigte ich nicht. Wann sollte schließlich die Wäsche gebügelt werden? Außerdem wollte ich als ehrgeizige Mutter alles richtig machen. Mein erster Sohn wurde in selbst gestrickte Schurwollhosen gewickelt und bekam nur frisch zubereitetes Essen, was mir nicht unbedingt eine Arbeitserleichterung war. Würde ich es heute anders machen? Auf jeden Fall. War ich doch beim ersten Kind noch sehr ehrgeizig, was die Erziehung, die Pflege, die Besorgnis, den Haushalt anging, wurde ich von Kind zu Kind entspannter. Bereits das zweite Kind bekam nur noch Pampers und sogar hin und wieder Gläschenkost. Das wäre beim ersten undenkbar gewesen.

Falscher Ehrgeiz

Falscher Ehrgeiz führt oft dazu, dass Frauen total überfordert sind. Mit kleinen Kindern sollte man den Anspruch an einen makellosen Haushalt aufgeben. Was ist in dieser Zeit wirklich wichtig? Jeder muss etwas zu essen haben und etwas zum Anziehen im Schrank. Ein nicht allzu sauberer Fußboden wirkt sogar vorbeugend gegen Allergien. Wichtiger ist es, dass man zusammen lacht und kuschelt. Und dann darf die Sonne auch mal durch verschmierte Fenster scheinen. Wenn ich immer nur versuche, einem perfektionistischen Anspruch gerecht zu werden, bleibe ich irgendwann auf der Strecke. Ich werde ungenießbar, und das wirkt sich auf Mann und Kinder aus. Lieber einmal fünf gerade sein lassen. Während die Kleinen schlafen oder nebenan spielen, lässt es sich mit einem guten Buch dreißig Minuten auf dem Sofa sitzen. Die größte Entspannung hatte ich mit meinen Kindern unterwegs. Kleine Kinder brauchen frische Luft. Also bin ich regelmäßig mit ihnen spazieren gegangen. Die frische Luft tat nicht nur den Kindern gut, auch ich profitierte davon, und gleichzeitig bekam ich jeden Tag genügend Bewegung. Ganz entspannt wurde es auf dem Spielplatz. Während man hinter Ein- bis Zweijährigen noch herlaufen muss, darf man sich mit zunehmendem Alter der Kinder freuen, dass sie sich auf dem Spielplatz weitgehend alleine beschäftigen. Sie finden immer jemanden zum Spielen. Mit einem Buch darf man dann auch guten Gewissens einmal durchatmen. Und die eine oder andere Begegnung mit Gleichgesinnten hilft einem dabei, auch weiter normale Konversation führen zu können.

> Man sollte auch an Wochentagen einige Tage Sonntag sein lassen.

Hilfe annehmen

Der Mann, die Freundin, die Oma, eine Bekannte, der Kindergarten. Scheuen Sie sich nicht, den Vater, die Familie, die Freunde in Anspruch zu nehmen. Am Wochenende oder nach Feierabend sollte es selbstverständlich sein, dass der Papa mal die Kleinen betreut. Wenn Sie in einer Beziehung leben, planen Sie mit Ihrem Partner, wann er auf jeden Fall auf die Kleinen aufpasst, während Sie zum Sport gehen, sich mit einer Freundin treffen, mal ins Kino gehen oder irgendetwas unternehmen, was Ihnen sonst guttut.

Wenn mir jemand anbietet, mal auf meine Tochter aufzupassen (die ich nach den vier Söhnen noch bekam), damit ich eine Runde laufen kann, sage ich sofort: „Klasse, vielen Dank." Oft neigen wir dazu, immer alles selbst in den Griff zu bekommen. „Danke, ich schaffe das schon", und dann schaffen wir es doch nicht oder nur unter Aufbietung der letzten Kraftreserven. Hilfe anzunehmen hat noch keinem Ruf geschadet.

Vorbilder

Wir haben sie zuhauf, die Vorbilder, die uns suggerieren: Du musst hübsch, ordentlich, fleißig, schlank, barmherzig, gütig und großzügig sein. In den Medien werden sie uns präsentiert, die Übermütter, die Schlankheitsideale, die Sportskanonen, die Haus- und Gartenbesitzerinnen, die alles anscheinend perfekt im Griff haben. Erfolgsgeschichten sollen uns motivieren und tun so oft das Gegenteil. Und was stellen wir fest? Wir reichen nicht einmal ansatzweise an diese ach so tollen Ideale heran. Wir sind vor allen Dingen müde, weil wir dem Druck, der scheinbar von außen auf uns lastet, in Wirklichkeit aber in unserem Inneren produziert wird, nicht standhalten können. Und völlig egal, ob wir Christinnen sind oder nicht, wir haben Vorbilder, mühen und kämpfen uns ab und erreichen unser Ziel nicht, sind schuldbewusst und versuchen uns noch mehr abzustrampeln, um besser zu sein. „Unerreichbar", denken wir, legen die Zeitschrift weg und leben mit einem schlechten Gewissen. Als Frauen, die sich ein weibliches Vorbild in der Bibel suchen, nehmen wir uns gerne ein Beispiel an der tüchtigen Frau aus den Sprüchen 31. Ein erstrebenswertes Ziel?

> Wer kann schon eine tüchtige Frau finden? Sie ist wertvoller als die kostbarsten Edelsteine. Ihr Mann kann ihr vertrauen, und sie wird sein Leben bereichern. Ihr ganzes Leben lang unterstützt sie ihn und fügt ihm nichts Böses zu. Sie sammelt Wolle und Flachs, die sie flink verarbeitet. Wie ein Handelsschiff bringt sie ihre Speise von weit her. Vor Morgengrauen steht sie auf, um das Frühstück für das ganze Haus zuzubereiten und den Mägden ihre Arbeit anzuweisen. Sie hält nach einem Feld Ausschau und kauft es, um von dem Gewinn einen Weinberg anzupflanzen. Sie ist energisch und stark und arbeitet hart. Sie achtet darauf, guten Gewinn zu erzielen; ihre Lampe brennt bis tief in die Nacht hinein. Ihre Hände spinnen fleißig Garn, ihre Finger zwirbeln geschickt den Faden. Sie hat stets eine offene Hand für die Armen und gibt den Bedürftigen großzügig. Sie fürchtet den Winter nicht für ihre Familie, denn alle haben warme Kleidung. Sie näht ihre Decken selbst. Sie kleidet sich in Gewänder aus feinstem Tuch. Ihr Mann ist angesehen, denn er sitzt in der Ratsversammlung zusammen mit anderen hohen Bürgern des Landes. Kostbare Hemden und Gürtel stellt sie her, die sie dem Händler verkauft. Sie strahlt Kraft und Würde aus, und sie lacht und hat keine Angst vor dem kommenden Tag. Wenn sie spricht, sind ihre Worte weise, und sie erteilt ihre Anweisungen in freundlichem Ton. Sie weiß genau, was in ihrem Haus vor sich geht, und Faulheit kennt sie nicht. Ihre Kinder begegnen ihr mit Achtung und segnen sie. Ihr Mann lobt sie: „Es gibt viele tüchtige Frauen, doch du übertriffst sie alle!" Anmut betrügt und Schönheit vergeht, aber eine Frau, die Ehrfurcht hat vor dem Herrn, soll gelobt werden. Sie soll für ihre Arbeit belohnt werden und ihre Taten sollen in der ganzen Stadt ihren Ruhm verkünden!
>
> *Sprüche 31,10-31; Neues Leben Bibel*

Wenn in der Bibel über so eine Frau geschrieben wird, wenn sie als Beispiel der perfekten Hausfrau so oft zitiert wird, dann wollte ich auch gerne so sein. So gut, so fleißig, so perfekt. Wer würde sich nicht gerne in solch einem Ruhm sonnen, nicht gerne von seinen Kindern geachtet und vom Mann gelobt werden? Aber Hand aufs Herz: Kennen Sie irgendjemanden, der diesem Ideal auch nur ansatzweise entspricht? Ich wüsste nicht eine Frau, die auch nur einen Bruchteil davon leistet, was diese Bibelstelle beschreibt, und dann auch noch glücklich ist. Aber weil ich eine gehorsame Christin bin, war diese Frau für mich jahrelang das Vorbild, und ich wünschte mir, ihr nachzueifern. Nach viel Lektüre auch zu diesem Thema wurde mir dann irgendwann einmal klar, dass dieses Pensum gar nicht eine Frau alleine schaffen kann. Es geht gar nicht um die Auflistung eines Leistungskatalogs, sondern um die Würdigung der Arbeit von verschiedenen Frauen. Eine Frau allein kann so etwas gar nicht schaffen, das war auch nie so gedacht. Jede Frau hat ihre eigenen Begabungen und sollte sie dementsprechend einsetzen. Es geht nicht darum, immer alles zu schaffen, immer allen gerecht zu werden.

Was haben wir dann davon?

Immer nur den Blick für die anderen zu haben, führt dazu, dass wir nicht mehr auf uns selbst achten. Bei vielen Frauen fängt das innerlich an und wirkt sich dann irgendwann auch äußerlich aus. Fangen wir erst einmal an, unsere Seele zu vernachlässigen, passt sich die Hülle oft dem inneren Zustand an. Nur wenige Frauen schaffen es, über einen langen Zeitraum hinweg eine Maske zu tragen. Äußerlich ist dann scheinbar alles in bester Ordnung und innerlich fangen sie an zu zerbrechen. Nicht selten beginnen Essstörungen mit einem seelischen Ungleichgewicht. Wir merken, etwas in uns drin stimmt nicht, können es vielleicht nicht einmal genau definieren, und befriedigen diesen Hunger der Seele mit Essen. Während man einigen Frauen ihre Essstörung nicht ansieht – sie versuchen, immer wieder mit Diäten zumindest das Gewicht einigermaßen in den Griff zu bekommen – haben viele Frauen sich selbst bereits zeitweise aufgegeben.

Essstörungen sind dabei nur ein Teil der Süchte, in die Frauen verfallen, wenn sie nicht lernen, ihre Seele zur Ruhe zu bringen. Alkohol, Tabletten, Einkaufen, Putzen – wir finden immer irgendwelche Beschäftigungen, die uns davon abhalten, unser wahres „Ich" zu suchen und zu finden. Ablenkung oder auch Verdrängung würde ich so etwas nennen. Wir haben das Gefühl, immer irgendwie auf der Flucht zu sein, kommen nicht wirklich zur Ruhe und empfinden vor allen Dingen nicht die Befriedigung, die wir uns eigentlich wünschen.

Interessanterweise haben wir sogar das Gefühl, alles sei ja „eigentlich in Ordnung", und wundern uns dann doch über eine sich immer wieder bemerkbar machende Unzufriedenheit. Manchmal versuchen wir dann, über unser Leben nachzudenken, und können tatsächlich so gar nichts finden, was nicht stimmt. Wie auch? Der Trend für Frauen geht ja immer mehr in Richtung „Wellness". Und das hat zu reichen. Wenn Frau sich mal etwas Gutes gönnt, dann geht sie zur Kosmetikerin, in die Sauna, zur Fußmassage, Thalasso-Therapie oder lässt sich sonst irgendwie körperlich verwöhnen. Mal etwas für sich tun heißt für viele, sich von außen verwöhnen lassen. Ein Essen abends beim Italiener, ein Frühstück mit der Freundin im Bistro, mal einen Nachmittag bummeln gehen. All das sind gute Möglichkeiten, etwas für sich zu tun. Wir entspannen uns, lassen uns verwöhnen, es geht uns gut. Solche und noch mehr Tipps werden Sie auch in diesem Buch finden, denn es sind wirklich gute Gelegenheiten, uns für einen Moment zu erholen. Aber wie lange hält so eine kurze Auszeit denn tatsächlich an? Und zaubert sie wirklich ein Lächeln auf Ihr Gesicht oder sogar in Ihr Herz? Fällt Ihnen dadurch Ihr Alltag, Ihr Leben leichter? Ist da nicht vielleicht doch noch mehr?

Reicht Wellness?

In den letzten Jahren wurde der Begriff „Wellness" vermarktet, und alles, was diesen Namen trägt, scheint uns gutzutun. Wellness steht für Entspannung, Erholung, Sich-Gutes-Tun. Und anscheinend wird unser Wohlbefinden gesteigert, wenn auf dem Mineralwasser oder der Cornflakespackung das Wort „Wellness" steht. Anstatt einen Weg zu mehr Gelassenheit und weniger Arbeit zu finden, nehmen wir noch ein wenig mehr Konsum in Kauf und versorgen uns so mit Entspannung.

Ohne Frage ist das meiste, was die Wellnessbranche bietet, für uns Frauen sehr angenehm, und es tut gut, sich auch mal so richtig verwöhnen zu lassen. Aber es reicht nicht aus, einmal im Jahr an einem Wellnesswochenende aufzutanken, um uns dann mit der gleichen Geschwindigkeit wieder in den Alltag zu stürzen.

Burn-out und warum so viele darunter leiden

Wir halten das Hamsterrad nicht an, sondern laufen noch ein wenig schneller, um das, was wir in der scheinbar nutzlos verbrachten Zeit mit uns selbst versäumt haben, nachzuholen. Die hohen Anforderungen an uns selbst, unsere Leistungsbereitschaft, gekoppelt mit dem Hang zum „Nicht-Nein-sagen-Können", führen dabei in eine Abwärtsspirale, die uns immer mehr in Richtung des „Burn-out" treibt. Dabei spielen drei Faktoren eine wesentliche Rolle: hohe Anforderungen, eine gleichermaßen hohe Leistungsbereitschaft und die Unfähigkeit, Nein zu sagen.

Hohe Anforderungen

Hohe Anforderungen werden oft von außen an uns gestellt, gerade im Arbeitsumfeld. Der Druck auf den Einzelnen wird immer größer, man möchte immer mehr in immer kürzerer Zeit schaffen. Aber nicht nur die Anforderung von außen setzt die Frauen unter Druck. Vielmehr ist es der eigene Anspruch der Perfektion. Wir möchten es mehr als gut machen. Hat unser Mann kein gebügeltes Hemd mehr im Schrank, bekommen unsere Kinder schlechte Noten, dann suchen wir immer zuerst die Schuld bei uns selbst.

Ich kann mich noch so gut daran erinnern, wie es war, als feststand, dass mein erstes Kind auf die Hauptschule „musste". Mit Ach und Krach hatten wir versucht, ihn auf der Realschule zu halten, aber die Noten wurden immer schlechter, und sein Selbstwertgefühl bröckelte von Klausur zu Klausur. Schließlich mussten wir alle in den sauren Apfel beißen, der Schulwechsel stand bevor. Nicht nur machte ich mir als Mutter Gedanken darüber, was denn aus dem Jungen mal werden soll. Nicht weniger schlimm fühlte ich mich, wenn ich gefragt wurde, auf welche Schule meine Kinder denn gehen. „Hauptschule" fällt mir immer noch nicht leicht zu sagen. Und im Grunde muss ich immer wieder gegen das Gefühl ankämpfen, ich allein wäre dafür verantwortlich. Manches Gespräch mit einem meiner Kinder hat mich schon vor großen Irrtümern bewahrt, so zum Beispiel dasjenige, das ich neulich mit meinem ältesten Sohn Manuel führte:

> Manuel erzählt mir, nachdem er aus der Schule kommt, ganz zerknirscht, dass ihm im Unterricht ein Mörser zerbrochen ist und wir den erstatten müssen. „Na ja, kann ja jedem passieren", denke ich und tröste ihn fast ein wenig. Er sucht einen Grund, warum das passiert ist. „Ist das jetzt der Teufel, der mir eins auswischen will, oder war das Gott, weil er mir was sagen will?"
> „Manchmal passieren solche Sachen einfach, ich würde nicht immer einen Grund dahinter vermuten", gebe ich als einfache Antwort.
> „Nein, Mama, solche Dinge können nicht passieren, ich bete jeden Morgen, dass Gott mich bewahrt, dass nichts passiert, also muss es einen Grund haben, dass Gott das zulässt."
> „Wir werden in unserem Glauben immer wieder auf die Probe gestellt, der Teufel ist listig, er versucht immer, Gott infrage zu stellen."
> Die Diskussion geht noch eine ganze Weile weiter und plötzlich sagt Manuel: „Na ja, war irgendwie doch eine Gebetserhörung. Ich hab gebetet, dass du nicht meckerst."
> „Oder Gott wollte dich wissen lassen, dass du tolle Eltern hast, die sich über solche Banalitäten nicht aufregen", gebe ich etwas selbstgerecht zurück und schmunzele.
> Daraufhin schaut mich mein großer, fast 18-jähriger Sohn an und erklärt mir mit etwas trockener Kehle: „Mama, du glaubst es vielleicht nicht, aber jeden Abend, wirklich jeden Abend, bete ich und danke Gott dafür, dass ich in diese Familie hineingeboren wurde."
> Mit ebenso trockener Kehle und ein paar Tränen in den Augenwinkeln erkläre ich ihm, dass Mütter sich immer auch Vorwürfe machen wegen allem, was sie versäumt und nicht richtig gemacht haben. Das ist auch etwas, was der Teufel gerade einer Mutter immer wieder versucht einzureden. Manuel schaut mich völlig ungläubig an: „Echt, so was denkst du? Wie kommst du denn da drauf? Mama, wir sind doch keine Spielzeuge, die ihr in eine bestimmte Position verbiegen könnt, wir haben einen eigenen Willen, und wir machen Dinge, weil wir das so entscheiden, da könnt ihr doch nichts dafür. Du bist eine gute Mutter!" Jetzt heule ich wirklich.

Hohe Leistungsbereitschaft

Wir stellen nicht nur hohe Anforderungen an uns selbst, sondern sind auch deshalb bereit dazu, das alles zu bewältigen, weil es uns sonst an Selbstbestätigung und Anerkennung fehlte. Dabei geht es uns eigentlich tief in unserem Herzen nur darum, gemocht zu werden. Aber jetzt mal Hand aufs Herz: Wen haben Sie schon deswegen ganz besonders gemocht, weil er so perfekt ist? Welche Freundschaften haben Sie geschlossen, weil Sie angetan waren von einem makellosen Bilderbuchvorgarten? Zu welcher Frau fühlten Sie sich hingezogen, weil deren Kinder alle das Gymnasium besuchen? Mit wem verabreden Sie sich gerne? Welche Frauen sind es, die Ihre Seele leuchten lassen, die Ihnen ein Lächeln ins Herz zaubern? Sind es die, die anscheinend alles im Griff haben, oder die, an denen Sie auch Schwächen feststellen? Gemocht wird man nicht wegen seiner perfektionistischen Arbeitshaltung, sondern wegen seines liebevollen Wesens.

Die Unfähigkeit, Nein zu sagen

Selbst wenn wir erkannt haben, dass nicht immer alles perfekt geleistet werden muss, gibt es doch auch immer noch die Anforderungen von außen. Es passen ja immer schon recht viele Termine in unseren Zeitplan. Aber wir möchten gerne allen gerecht werden, und deswegen fällt es uns oft so schwer, zu den Anfragen aus unserer Umgebung „Nein" zu sagen. Wer nicht lernt, „Nein" zu sagen zu den Anfragen aus dem Büro, aus der Schule, aus der Gemeinde, wird immer wieder „Nein" sagen zu den eigenen Bedürfnissen und denen der Familie.

Burn-out: Erst schleichend …

Wenn alle drei Faktoren – hoher Anspruch, Leistungsbereitschaft, die Unfähigkeit, Nein zu sagen – über einen längeren Zeitraum zusammentreffen, dann führt das oft dazu, dass wir in einen Teufelskreis geraten. Die Ansprüche an die eigene Person werden immer größer, die Leistungsbereitschaft, gekoppelt mit dem „Ja"-Sagen, führt dazu, dass wir immer mehr in immer weniger Zeit schaffen müssen. Um das zu bewerkstelligen, fallen die eigenen Bedürfnisse unter den Tisch.

Da es niemals möglich ist, diesem absoluten Leistungsanspruch gerecht zu werden, macht sich Frustration in uns breit, das wiederum führt zu Niedergeschlagenheit, begleitet von Kopfschmerzen, Schlafstörungen bis hin zu psychosomatischen Krankheitsbildern. Wir fühlen uns irgendwie als Versager und haben Schuld- und Minderwertigkeitskomplexe. Und dann bekommen wir den klugen Ratschlag der Mutter, des Arztes, der Freundin, wir sollten doch mal ein wenig kürzertreten, nicht so viel machen, und wir fragen uns: „Wie?"

Sind Sie erst einmal in diesem Kreislauf gefangen, ist es wie in einem Hamsterrad, aus dem es kein Entkommen gibt. Sie rennen und rennen und kein Ende ist in Sicht. Und alle klugen

> Sind Sie erst einmal in diesem Kreislauf gefangen, ist es wie in einem Hamsterrad, aus dem es kein Entkommen gibt.

Sprüche der anderen prallen an Ihnen ab, denn es sind nicht wirklich Lösungen, die Sie für richtig erachten. Sie können schließlich ja nicht einfach die Welt anhalten und aussteigen. Die Welt dreht sich weiter mit all den Herausforderungen, die Ansprüche werden nicht weniger, also was können Sie da schon tun?

Interessant ist nur, dass diejenigen, die das Burn-out-Syndrom in ihrer schlimmsten Form erlebt haben, doch plötzlich anders konnten. Dann nämlich, wenn man in eine schwere Depression verfällt. Wenn aus dem anscheinend blühenden Leben nur noch ein Häufchen Elend übrig bleibt. Dann stellen wir fest, dass auch ohne uns alles weiterläuft. Wir sind gar nicht so unentbehrlich, wie wir immer meinen. Ich frage mich tatsächlich oft: „Muss es immer erst so weit kommen? Muss man erst völlig am Ende sein, bevor man etwas ändert?"

„Das passiert mir nie", denken Sie vielleicht, dachten andere auch und wurden eines Besseren belehrt.

Schicksalsschläge treffen uns meistens wie ein Schlag ins Gesicht. Wir rechnen nicht mit ihnen. Schwer krank werden immer nur die anderen, schwere Verluste, Katastrophen, das hören wir nur in den Nachrichten, vielleicht auch in der Nachbarschaft. Das sind die Hiobsbotschaften, die das Leben aus den Angeln reißen. Plötzlich wird man mit einer Situation konfrontiert und muss lernen, damit zu leben. Ein Burn-out-Syndrom verläuft zunächst schleichend. Das hat man nicht von jetzt auf gleich. Man kann es eher mit einem Geschwür vergleichen, das stetig wächst, oft erst völlig unbemerkt, und dann irgendwann doch ganz offensichtlich wird.

... dann plötzlich

Irgendwann merken wir, dass wir unser Leistungspensum nicht mehr schaffen, und plötzlich ist unsere Welt gar nicht mehr in Ordnung. Grundlos laufen uns in den unpassendsten Momenten die Tränen über das Gesicht. Wir werden angespannt, nörgelig und unausgeglichen. Genau das Gegenteil von dem, was wir immer sein wollten. Wir fangen an Strategien zu entwickeln, wie wir in noch kürzerer Zeit noch mehr leisten können, um alles unter einen Hut zu bringen. Wir schelten uns für unser Selbstmitleid, in das wir immer wieder verfallen, und versuchen, uns mit aller Kraft da wieder herauszuziehen.

Irgendwann sitzen Sie im Wartezimmer des Arztes, weil Sie nichts mehr gegen die ewigen Kopfschmerzen tun können, weil Sie ihre Traurigkeit nicht in den Griff bekommen, weil Sie seltsame Allergien ausbrüten oder weil Sie sich viel zu oft mit Essen oder Alkohol trösten.

Wurde bei Ihnen bereits ein „Burn-out-Syndrom" festgestellt, leiden Sie bereits unter chronischen Depressionen, Schlafstörungen, Erschöpfung, Magen- und Darmerkrankungen oder sind Sie sogar abhängig von Suchtmitteln, dann empfehle ich Ihnen, sich Unterstützung von außen zu holen. Bei abgeschwächten Symptomen kann das Gespräch mit einem Seelsorger ausreichend sein. Stellen Sie allerdings keine Besserung fest, sollten Sie rechtzeitig psychotherapeutische Hilfe in Anspruch nehmen.

Das Wort Burn-out gibt es noch gar nicht so lange. Erst 1973 wurde dieser Begriff das erste Mal verwendet. Hauptsächlich waren Personen in Pflegeberufen, Ärzte, Lehrer, Erzieher betroffen. Eine hohe Arbeitsbelastung, gepaart mit einem hohen Maß an persönlichem Engagement, war die Ursache des „Ausbrennens". Die Betroffenen wurden zunächst meistens über einen längeren Zeitraum krankgeschrieben, für arbeitsunfähig erklärt und zuletzt in Frührente geschickt.
Immer mehr Frauen sind in den letzten Jahren von dieser Volkskrankheit betroffen, mehr als wir annehmen, denn gerade das Anfangsstadium ist so schleichend und wird oft nicht richtig wahrgenommen.
Auch wenn Sie noch weit von dieser Phase des Burn-out entfernt sind, achten Sie trotzdem aufmerksam auf die ersten Anzeichen. Wehren Sie den Anfängen, damit es gar nicht erst zu Schlimmerem kommt. Wenn Sie merken, dass Sie ständig unzufrieden sind, anscheinend grundlos traurig oder aggressiv reagieren, oder das Gefühl haben, einfach nicht zu tun, was Sie wirklich tun wollen, dann wird es Zeit für eine Auszeit.

2. Nachdenken

Ganzheitlich glücklich bin ich dann, wenn ich mir darüber bewusst werde, dass das Leben nicht nur einseitig verläuft. Wenn ich erkenne, dass es wichtig ist, mich selbst zu lieben, und mir die Gelegenheit gebe, meine Einzigartigkeit zu leben, gerade so, wie Gott mich geschaffen hat. Wenn ich meine eigenen Begabungen und Talente entdecke, die Gott mir gegeben hat, sie fördere und einsetze. Wenn ich den Sinn in meinem Leben finde, in dem, was ich bin, und in dem, was ich tue.

Machen wir uns klar: Jede Frau ist für sich selbst verantwortlich, für das, was sie tut und nicht tut. Nicht jede hat die gleichen Grundvoraussetzungen, aber jede hat die Möglichkeit, aus ihrer Situation das Beste herauszuholen. Das gelingt uns aber nur dann, wenn wir in der Lage sind, über unsere ganz persönliche Situation nachzudenken. Meist fehlt uns die Zeit dazu, oft aber auch die Entschlossenheit, tatsächlich eine Veränderung herbeizuführen. Veränderung bedeutet nämlich immer auch Arbeit, heißt ins Handeln kommen, die Bequemlichkeit des gewohnten Alltags verlassen. Aber nur wer befreit handelt, kann auch entspannt genießen. So ermutige ich Sie, neue Wege zu gehen, sich einen Moment der Reflexion zu nehmen, um Ihre persönliche Veränderung zu beginnen. Erster Schritt: Nehmen Sie sich ein Wochenende frei.

> *Wer a sagt, muss nicht b sagen, er kann auch erkennen, dass a falsch war.*
>
> BERTOLT BRECHT

Ein Wochenende Zeit

Ich nenne so ein Wochenende „Reflexionswochenende". Es soll eine Zeit sein, in der Sie sich nur um sich und Ihr Leben kümmern. Es soll dazu beitragen, das Hamsterrad anzuhalten, auszusteigen und eine Wende in Ihrem Leben zu vollbringen. Wenn Sie berufstätig sind, nehmen Sie das Wochenende oder zwei Tage Urlaub. Wenn Sie Familie haben, bitten Sie Ihren Mann, Freunde oder Verwandte, die Kinder zu betreuen. Falls es Ihnen überhaupt nicht möglich sein sollte, über Nacht wegzubleiben, verkürzen Sie diese Auszeit auf einen Tag. Ein schönes Café, eine Parkbank, eine Picknickdecke auf einer Wiese. Machen Sie es sich irgendwo bequem, wo Sie ungestört sind.

Was Sie nicht mitnehmen dürfen:
Ihr Handy. Seien Sie nicht erreichbar. Hinterlegen Sie auch keine Adresse oder Telefonnummer von Ihrer Unterkunft. Verschwinden Sie einfach ins Nichts. Sie sind nicht da.

Was Sie mitnehmen müssen:
etwas zum Schreiben, dieses Buch, eine Bibel, bequeme Schuhe

Zeit zum Nachdenken

Wir haben selten Zeit, so richtig über unser Leben nachzudenken. Meist sind wir eingehüllt in die Verpflichtungen des Alltags. Als Frauen leben wir mit der Gabe des Multitaskings, die Segen und Fluch zugleich darstellt. Natürlich ist es oft hilfreich, dass wir in der Lage sind, mehrere Dinge gleichzeitig zu tun. Auf der anderen Seite fällt es uns dadurch umso schwerer, uns auf eine Sache voll und ganz zu konzentrieren. Gedanken kommen und gehen, unsere Konzentration lässt nach, je mehr Einflüssen wir ausgesetzt sind.

Mir wird so etwas immer deutlich, wenn meine Kinder mir etwas mitteilen möchten. Auf der Fahrt von zu Hause zum Tanzkurs meiner Tochter z.B. erzählt sie mir 10 Minuten lang eine Geschichte nach der anderen. Während sie erzählt, hänge ich meinen Gedanken nach. Nach der Autofahrt habe ich keine Ahnung, über was sie gesprochen hat. Weil ich mich eben nicht richtig auf eine Sache konzentriere, bekomme ich nur Bruchstücke mit von dem, was sie sagt, aber keine ganzen Zusammenhänge. Mit unseren Gedanken ist das ähnlich. Immer wieder werden wir herausgerissen durch Dinge, die im Alltag geschehen.

Diese „Auszeittage" sollen Ihnen helfen, sich nur auf eine Sache zu konzentrieren, ohne Ablenkung.

Laufen Sie

Optimal ist es, wenn Sie Ihr Wochenende in der freien Natur verbringen können. Hier genießen Sie die meiste Ruhe und sind doch offen für neue Ideen. Körperliche Bewegung an der frischen Luft bringt seelische Prozesse in Gang. Mir fallen beim Laufen immer die besten Projekte ein, wie z.B. auch, dieses Buch zu schreiben. Laufen Sie nicht einfach drauflos, sondern planen Sie Ihren Weg, sodass Sie nicht in Gefahr kommen, sich zu verlaufen. Schauen Sie sich nach geeigneten Orten um, an denen Sie Rast machen können, um Ihre Gedanken aufzuschreiben. Das kann eine schöne, große Wiese sein, eine Parkbank oder ein gemütliches Kaffeehaus. Hauptsache, Sie fühlen sich dort wohl. Sie können allerdings auch einen Rundweg nehmen und dann immer wieder in Ihr Hotelzimmer zurückkehren. Sie sind Ihr eigener Experte, entscheiden Sie, was Ihnen wohltut. Wenn Sie im Folgenden über Ihr Leben nachdenken, nutzen Sie auch das 4. Kapitel „Bilanz ziehen" für Anregungen.

> *Körperliche Bewegung an der frischen Luft bringt seelische Prozesse in Gang.*

Was läuft gut?

Zunächst geht es darum herauszufinden, was in Ihrem Leben tatsächlich gut läuft. Nehmen Sie sich die Zeit zum Nachdenken. Wofür sind Sie dankbar? Wir neigen dazu, immer erst die negativen Umstände zu sehen, und vergessen dabei sehr schnell, dass es uns in so vielen Bereichen sehr gut geht. Unterteilen Sie Ihre Lebensbereiche in acht Abschnitte. Nehmen Sie die Seite in diesem Buch für Ihre Notizen oder besorgen Sie sich ein Notizbuch.

Gesundheit

....

....

....

Familie

....

....

....

Arbeit

....

....

....

Beziehungen

....

....

....

Finanzen

Besitz

Glaube

Eigene Bedürfnisse

Auch wenn Sie fertig mit dem Ausfüllen der Liste sind, scheuen Sie sich nicht, immer wieder etwas nachzutragen, wenn Ihnen etwas einfällt. Das kann an diesem Wochenende öfter passieren. Gerade beim Laufen kommen einem immer wieder neue Gedanken. Bleiben Sie dann sofort stehen und notieren Sie sich das, was Ihnen spontan in den Sinn kommt. Oft vergessen wir das nämlich ganz schnell wieder.

Was würde ich gerne verändern?

Sind Sie sich darüber klar geworden, was in Ihrem Leben gut läuft, dann dürfen Sie jetzt mal so richtig loslegen und auflisten, was Ihnen gegen den Strich geht. Was würden Sie gerne verändern? Was stört Sie, woran reiben Sie sich immer wieder auf, was macht Ihnen das Leben schwer? Auch hier unterteilen Sie wieder in die acht Bereiche.

Gesundheit

....

....

....

Familie

....

....

....

Arbeit

....

....

....

Beziehungen

....

....

....

Finanzen

....

....

....

Besitz

....

....

....

Glaube

....

....

....

Eigene Bedürfnisse

....

....

....

Was kann ich nicht verändern?

Schauen Sie sich Ihre Liste nun genau an. Was von diesen Dingen können Sie beim besten Willen nicht verändern? Dazu können bestimmte Krankheiten gehören, die Tatsache, dass Sie Kinder haben oder nicht, weitgehend die finanzielle Situation. Seien Sie kritisch. Überlegen Sie, woran Sie tatsächlich nichts ändern können. (In Kapitel 4: „Bilanz ziehen" finden Sie Anregungen dazu, wie Sie ganz im Einzelnen Ihre Lebensumstände durchdenken können.)

Während ich schon viele Dinge in meinem Leben verändert habe, Umstände, mit denen ich mich nicht zufriedengeben konnte, gab es doch auch Situationen, die musste ich ungefragt hinnehmen. Der Verlust unseres zweiten Kindes gehört dazu. Das war nicht zu ändern. Mit manchen Bürden muss man lernen zu leben, ob man will oder nicht. Schmerzhaft: ja, unmöglich: nein. Ich bitte Jesus, mir die Kraft zu geben, manches zu ertragen. Ich weiß, dass das Leben weitergeht, so oder so, ich möchte trotzdem das Beste daraus machen. Dieser Schmerz gehört zu meinem Leben dazu, ich lerne damit umzugehen.

Was sind Ihre Herausforderungen? Es läuft niemals alles gut. Es wird immer nicht zu ändernde Tatsachen in unserem Leben geben. Lernen Sie, diese zu akzeptieren, bauen Sie sie in Ihr Leben mit ein. Sie dürfen sich die Zeit zum Trauern darüber nehmen, aber lassen Sie sich nicht davon lähmen. Was nicht veränderbar ist, ist auch nur ein Teil Ihres Lebens, aber es gibt auch noch viele Dinge, die Sie verändern können.

Was kann ich verändern?

Nicht alles, was Sie stört, ist unveränderlich. Nehmen Sie sich Ihre Liste nochmals vor und schauen Sie sich den ganzen Rest an. Sie werden feststellen, dass es eine ganze Reihe von Möglichkeiten gibt, Veränderung in Ihrem Leben zu bewirken. Listen Sie erneut auf, was Sie eventuell mit ein bisschen Mut, Risikobereitschaft und Arbeit verändern könnten. Legen Sie sich zunächst keine Denkverbote auf, sondern lassen Sie Ihren Wünschen und Vorstellungen freien Lauf.

Gesundheit

....

....

....

Familie

....

....

....

Arbeit

....
....
....

Beziehungen

....
....
....

Finanzen

....
....
....

Besitz

....
....
....

Glaube

....
....
....

Eigene Bedürfnisse

....

....

....

3. Risikobereitschaft

Was werde ich dafür tun?

Nun ist Ihre Kreativität gefragt. Der schwierigste Teil liegt darin herauszufinden, was Sie tatsächlich dafür tun können, Ihre eigene Situation zu verändern. Seien Sie erfinderisch, aber vor allen Dingen mutig. Manchmal fehlt es uns tatsächlich an Risikobereitschaft, um Veränderung herbeizuführen. Wir haben Angst, aus dem Gewohnten auszubrechen, neue Wege zu gehen. Wir wissen nicht, wie das Ganze ausgehen wird, und bleiben doch lieber in den sicheren alten Bahnen. Eines meiner Lieblingszitate stammt aus dem Film „Plötzlich Prinzessin". Darin geht es um ein junges, schüchternes Mädchen, das kurz vor ihrem 16. Geburtstag eröffnet bekommt, dass sie eine Prinzessin ist. Während sie sonst ihrer Lieblingsbeschäftigung nachgeht, nämlich unsichtbar zu sein, steht sie plötzlich im Rampenlicht und muss die Entscheidung ihres Lebens treffen. Wird sie Prinzessin und später Königin, um ein Land zu regieren, oder lehnt sie ab und lebt ihr Leben in der gewohnten Unsichtbarkeit? Sie hat verständlicherweise Angst, aus ihrem behüteten, bewahrten Leben auszusteigen und ein neuer Mensch zu werden. Ihr verstorbener Vater hinterlässt ihr einen Brief, in dem steht: „Mut ist nicht die Abwesenheit von Angst, sondern die Erkenntnis, dass anderes wichtiger ist. Die Mutigen leben vielleicht nicht ewig, aber die Vorsichtigen leben überhaupt nicht."

> *Mut ist nicht die Abwesenheit von Angst, sondern die Erkenntnis, dass anderes wichtiger ist. Die Mutigen leben vielleicht nicht ewig, aber die Vorsichtigen leben überhaupt nicht.*

Natürlich haben wir Angst vor Veränderung, und diese Angst ist berechtigt. Wir haben uns selbst eine Schutzmauer aufgebaut, hinter der das Leben scheinbar sicher ist. Wir meinen, dass wir schutzlos allen möglichen Gewalten ausgeliefert sind, wenn wir diese Mauer niederreißen. Das Leben hinter unserer Fassade aus Vorsicht gibt uns so viel Sicherheit, dass es uns größte Anstrengung und vor allen Dingen Mut kostet, neue Wege zu gehen. Wenn Sie nicht bereit sind, Veränderung zuzulassen, werden Sie niemals herausfinden, wie erfüllt ein Leben in Harmonie mit Gott und der eigenen Berufung sein kann. Erkennen Sie, dass es Wichtigeres gibt als Ihre Angst. Sie werden auf dieser Erde nicht ewig leben, aber solange Sie da sind, leben Sie!

Bevor Sie alle Veränderungen aufschreiben, die Ihnen jetzt spontan einfallen, empfehle ich Ihnen, sich vorher eine Zeit der Ruhe zu nehmen. Lassen Sie sich von Gott inspirieren, was und wie Sie tatsächlich Dinge in Ihrem Leben neu gestalten können. Er weiß, was für Sie gut ist. Wenn Sie Jesus zu Ihrem Herzen sprechen lassen, dürfen Sie auch sicher sein, dass er Sie durch diese Veränderungen führt. Entscheidungen, die wir selbst einmal eben aus dem Bauch heraus treffen, können tatsächlich in die falsche Richtung laufen. Ich selbst bemühe mich, meine Entscheidungen im Einklang mit Gottes Willen zu treffen. Das ist nicht immer einfach. Selten kommen da so ganz klare Worte vom Himmel, die mir die Richtung zeigen. Aber je öfter ich in die Ruhe Gottes hineinkomme, desto sensibler werde ich für die Eindrücke, die er mir gibt. Hört sich sehr geistlich an, ist es auch, trotzdem aber ist es eigentlich ganz einfach. Probieren Sie es aus. Gehen Sie Ihre Liste durch, fragen Sie Gott, wie Ihre Veränderung aussehen könnte. Ich bin mir sicher, Sie werden Ihren Weg finden.

Konkrete Schritte

....

....

....

Gesundheit

....

....

....

Familie

....

....

....

Arbeit

....

....

....

Beziehungen

....

....

....

Finanzen

....

....

....

Besitz

....

....

....

Glaube

....

....

....

Eigene Bedürfnisse

....

....

....

Was wird Gott für mich tun? Die geistliche Seite von Veränderung
Ein Erfahrungsbericht von Miriam H.

Vor einiger Zeit gab es diese Fernsehwerbung eines namhaften Haushaltsgeräteherstellers, in der eine attraktive junge Frau auf einer Party gezeigt wurde. Um sie herum unterhielten sich wichtige Leute über ihre wichtigen Jobs, bis sie gefragt wurde: „Und, was machen Sie so beruflich?" Die junge Frau zögerte, und man konnte in ihren Gedanken sehen, wie sie einen Streit zwischen ihren Kindern schlichtete, ihrem Ehemann liebevoll seine Jacke reichte und ihn zur Arbeit verabschiedete, staubsaugte, bügelte, Essen kochte und so weiter. Dann antwortete sie: „Ich führe ein kleines, erfolgreiches Familienunternehmen!"

Ich war schwer beeindruckt. Genau so hatte ich mir mein Leben vorgestellt. In die Rolle dieser Frau wollte ich schlüpfen. Souverän meinen Haushalt meistern, freundlich mit meinen Kindern und meinem Ehemann umgehen, alles ohne Stress locker schaffen, zufrieden und ausgeglichen sein und dabei auch noch unverschämt gut aussehen!

Ich habe wirklich versucht, alles um mich herum im Griff, unter Kontrolle zu haben. Wenn alles so läuft, wie ich es mir vorstelle, muss es doch funktionieren! Jeder Tag, jede Woche war durchorganisiert. Alles sollte nach meinem Plan laufen. Das hatte zur Folge, dass mich jeder unvorhergesehene Besuch völlig aus dem Konzept brachte, eine Kinderkrankheit wurde zur Katastrophe und kurzfristige Termine stürzten mich ins Gefühlschaos. Und mit an Bord war immer diese Angst, etwas oder jemanden zu verlieren. Mein Mann war von mir als Beifahrerin völlig genervt. Bei Autobahnfahrten verkroch ich mich fast im Fußraum und versuchte krampfhaft mitzubremsen oder stieß plötzliche Schreie aus, weil irgendwo weit weg jemand zum Überholen ansetzte oder Bremslichter aufleuchteten. Ich wurde immer zwanghafter. Die Kinder mussten um Punkt halb acht im Bett sein, jede Minute später war nicht akzeptabel. Das hieß aber noch lange nicht, dass ich auf die Idee gekommen wäre, irgendetwas zu verändern! Nein, jetzt erst recht! Ehe, Familie, Haushalt, Gemeinde, Garten, Termine, das muss doch zu schaffen sein! Wenn die im Fernsehen das kann, kann ich das schon lange! Freundschaften? Keine Zeit! Ehemann? Der hat gefälligst mitzuziehen! Kinder? Die können sich ja wohl ein bisschen selbst beschäftigen! Erholen? Ausspannen? Was ist das? Brauch ich nicht! Beten? Bibel lesen? Reicht etwa nicht, dass ich sonntags unseren Gottesdienst besuche? Ach ja, und dienstags ist Hauskreis, bei uns zu Hause, da soll es doch einigermaßen ordentlich sein!

Dann ging mein Mann. Zog einfach aus, von heute auf morgen. Sagte, er fühle sich eingesperrt, wie in einem Käfig. Mir war, als würde mir der Boden unter den Füßen weggezogen. Mein Traum von der perfekten Familie in dem perfekten Haus, aus und vorbei. Ich wollte nie alleinerziehend sein! Ich wollte doch diese Ehe! Wie konnte MIR so was passieren? Wo ich doch alles unter meiner Kontrolle hatte!

Ich stand in unserem Wohnzimmer auf meinem geliebten, sauberen und fusselfreien Teppich und begriff zum ersten Mal: Ich habe nichts in der Hand. Diese Last, die ich über viele Jahre getragen hatte, spürte ich so deutlich auf meinen Schultern, dass ich beinahe in die Knie ging. Aber so klar wie diese Erkenntnis war, so wusste ich schlagartig: Da gibt es noch einen. Und wenn alles stimmt, was ich über den gehört hatte, dann muss er es sein, der ALLES in der Hand hatte! Ich sagte nur zwei Sätze: „Jesus, ich hab nichts unter Kontrolle. Bitte, nimm du es in deine Hand."

Was dann passierte, hat mein Leben verändert. Ich war diese Last los! Mir war, als würde eine starke Hand mich wieder auf die Füße stellen. Ich fühlte mich geschützt und geborgen. Das Erste, was sofort verschwunden war, war diese Autofahrpanik. Sie war einfach weg! Ich konnte es fast nicht glauben, deshalb bin ich an einem Wochenende

39

> exzessiv Autobahn gefahren. Kilometerlang. Die Panik war weg! Ich hatte keine Angst! Ich war frei! Das Nächste waren meine starren Zeiten. Gott hat meine Zwanghaftigkeit auf seine Art irgendwie aufgeweicht. Auf einmal war der ganze Alltag entzerrt! Ich hab dann angefangen, mir wirklich Zeit mit Gott zu nehmen. Ich gehe auf meinen Teppich, schmeiß mich lang hin, rede mit Gott und höre. Und was immer ich ihn in meinem Herzen antworten höre, schreibe ich auf. Dass er mich liebt, dass ich wertvoll für ihn bin und viele Dinge, die für mein Leben und meine Familie wichtig sind. Sicher, manche Tage sind hektisch, aber ich habe einen Ruhepol gefunden, zu dem ich jederzeit und überall kommen kann (nicht nur auf dem Teppich)!

Erst als Miriams Welt zusammenbrach, wurde sie fähig, Veränderung zuzulassen und anzugehen. Doch auch wenn uns selbst schon vor der persönlichen Katastrophe klar wird, dass etwas anders werden muss, sollten wir Gott ins Boot holen. Ein wichtiger Schlüssel dabei, der Veränderung überhaupt erst möglich macht, ist die Erkenntnis, dass ich mir meinen Wert nicht selbst erkämpfen muss.

Die Voraussetzung für Veränderung: Selbstannahme

> Du hast meine Nieren bereitet und hast mich gebildet im Mutterleibe. Ich danke dir dafür, dass ich wunderbar gemacht bin; wunderbar sind deine Werke; das erkennt meine Seele.
>
> *Psalm 139,13-14 (Luther)*

Was würde passieren, wenn wir Gottes liebevollen Blick auf uns selbst richteten? Ich könnte mit mir selbst im Reinen sein, mich so annehmen, wie ich bin. Ist es nicht das, was Gott sich vorgestellt hat? Er schuf uns so, wie wir sind. Er gab uns unser Aussehen und unser Temperament. Er wusste, dass wir auch Schwächen haben würden, und dennoch finden wir durch die ganze Bibel hindurch immer wieder diese eine wichtige Aussage: dass Gott uns liebt. Mit genau so vielen Kilos, mit genau diesem Charakter, mit genau diesem Aussehen, in allen Umständen, ob es uns gut oder schlecht geht. Er liebt uns und wünscht sich so sehr, dass wir das von uns selbst auch sagen können. Wie oft aber jagen wir einem Ideal hinterher. „Wenn ich so wäre wie XY, ja dann würde ich mich auch lieben." Dabei schieben wir unsere Minderwertigkeitskomplexe immer auf irgendein Problem, nur um von uns wegzuschauen.

Immer nur die anderen?

Gerade wir Frauen neigen ja dazu, immer der Meinung zu sein, erst einmal den anderen lieben zu müssen. Da sind der Ehemann, die Kinder, die Freunde, der Haushalt, der Garten, die Gemeinde, der Chef und all die Arbeit, die tagtäglich auf uns wartet. Wo bleibt die Zeit, mich selbst zu lieben? Wir meinen immer nur geben zu müssen, uns selbst vernachlässigen wir dabei. Doch erlebe ich so oft

Frauen, die mit sich selbst unzufrieden sind und sich dennoch ständig um sich selbst kümmern. Um sich selbst kümmern bedeutet nämlich nicht nur, gute Dinge für sich zu tun, sondern auch die schlechten. Die kleinen Süchte, denen wir uns hingeben, haben auch etwas damit zu tun, uns selbst zu versorgen, auch wenn sich das negativ auf uns auswirkt. Wir beklagen uns ständig, dass wir zu kurz kommen, aber anstatt das zu ändern, verharren wir im Jammern und Nörgeln.

Bei allem: Gelassenheit

Der Lieblingssatz meines Mannes lautet: „Entspann dich." Wenn ich diesen Satz nur höre, dann kringeln sich schon meine glatten Haare. Während ich doch recht oft sorgenvoll durch das Leben gehe, ist er meistens in allen Lebenssituationen total entspannt und gelassen. Ob finanzielle Sorgen, Probleme mit den Kindern, Beziehungen, Arbeit, es gibt immer irgendetwas, worum ich mir Sorgen mache. Und sein „Entspann dich" hilft mir manchmal, aber oft auch nicht. Ich frage mich: „Woher nimmt er nur diese Sorglosigkeit, dieses Vertrauen, diese Gelassenheit?"
„Jesus liebt mich, und er ist immer bei mir und lässt mich niemals im Stich, lässt mich niemals tiefer fallen als in seine Hand. Er will mir Gutes, warum sollte er mir Schlechtes wollen? Wenn alle gehen, wenn ich alles verliere, Gott bleibt immer, er wird mich nie verlassen", lautet seine Antwort. So einfach.
Ich weiß das eigentlich ja auch, dass wir uns nicht sorgen müssen, dass Jesus uns niemals verlässt, uns nichts aufbürdet, was wir nicht tragen können. Und dennoch zweifle ich so oft. Dennoch legen sich Sorgenfalten auf meine Stirn und ich kann mich eben nicht einfach so „entspannen". Geht es Ihnen auch so?

Jeder begreift die Liebe Gottes auf andere Art und Weise. Sicherlich hat das auch mit dem Stil der Erziehung zu tun. Den Glauben und das Vertrauen meines Mannes kann ich nicht auf mich übertragen. Dieses Vertrauen muss ich selber erleben, dabei kann mir niemand helfen.
Seit zwanzig Jahren habe ich bereits eine feste Beziehung zu Jesus Christus. In dieser Zeit habe ich schon so viel mit ihm erlebt. Es gab Zeiten der Ermutigung, aber auch Zeiten der Enttäuschung. Armut sowie Reichtum, Freude und Leid, Hochs und Tiefs. Mir helfen bei diesem immerwährenden Auf und Ab die Worte des weisen Königs Salomo dabei, Gelassenheit zu gewinnen:

Alles hat seine Zeit
Ein jegliches hat seine Zeit, und alles Vorhaben unter dem Himmel hat seine Stunde: geboren werden hat seine Zeit, sterben hat seine Zeit; pflanzen hat seine Zeit, ausreißen, was gepflanzt ist, hat seine Zeit; töten hat seine Zeit,

> heilen hat seine Zeit; abbrechen hat seine Zeit, bauen hat seine Zeit; weinen hat seine Zeit, lachen hat seine Zeit; klagen hat seine Zeit, tanzen hat seine Zeit; Steine wegwerfen hat seine Zeit, Steine sammeln hat seine Zeit; herzen hat seine Zeit, aufhören zu herzen hat seine Zeit; suchen hat seine Zeit, verlieren hat seine Zeit; behalten hat seine Zeit, wegwerfen hat seine Zeit; zerreißen hat seine Zeit, zunähen hat seine Zeit; schweigen hat seine Zeit, reden hat seine Zeit; lieben hat seine Zeit, hassen hat seine Zeit; Streit hat seine Zeit, Friede hat seine Zeit.
>
> Prediger 3,1-8; (Luther)

Es gab eine Zeit in meinem Leben, da dachte ich wirklich, ich hätte das große Los gezogen. Nach einer ziemlich schwierigen Kindheit war ich jetzt als erwachsene Frau glücklich verheiratet. Wir hatten vier gesunde Kinder, ein schönes Haus, mein Mann war Pastor einer wachsenden Gemeinde, ich hatte mich als Ernährungsberaterin selbstständig gemacht und ging meiner Arbeit mit sehr viel Leidenschaft nach. Wir hatten Freunde, nette Nachbarn, alles schien in bester Ordnung zu sein. Dennoch fühlte es sich für mich so an wie die Ruhe vor dem großen Sturm. Kurze Zeit später kam unser Sohn Julian durch einen Badeunfall ums Leben. Seit diesem Erlebnis beobachte ich die Dinge in meinem Leben noch intensiver. Und tatsächlich, es gibt nach jedem Tief auch wieder ein Hoch, aber leider auch umgekehrt. Das hat eine Zeit lang dazu geführt, dass ich ständig in Hab-Acht-Stellung war. Ich hatte große Schwierigkeiten, mich zu entspannen, war anfällig für Sorgen, und mein Vertrauen in Gott war reichlich angeknackst. Irgendwann kam ich dann an den Punkt, an dem ich merkte, dass ich in Angstzustände abrutschte. Die waren nie sehr schlimm, immer nur zeitweilig, aber für mich doch ein Alarmsignal. In meinem Herzen wusste ich, dass diese Angst nicht von Gott war. So entschied ich mich ganz neu dafür, Gott in allen Dingen zu vertrauen. Das Leben besteht aus Höhen und Tiefen, so ist es nun einmal, das kann man nicht ändern, aber ich kann Gott in allen meinen Lebenslagen meine Probleme hinlegen, kann ihn bitten, das Beste daraus zu machen. Dabei versuche ich mir in kritischen Situationen oft auszumalen, wie es im schlimmsten Fall ausgehen würde. Zu erkennen, dass das Leben auch dann noch weitergehen würde, wenn auch anders als gedacht, hilft mir, die Probleme wirklich an Gott abzugeben und ihn machen zu lassen. Viele Dinge regeln sich von selbst. Bei einigen helfe ich nach, aber auch dann versuche ich mich von Gottes Geist leiten zu lassen.

Die meisten Sorgen, die wir uns machen, bewahrheiten sich sowieso nicht, und selbst wenn, könnten wir das tatsächlich ändern? Vertrauen in Gott zu haben schafft Gelassenheit, und darüber freut sich unser Vater im Himmel, denn in Gelassenheit leben wir besser als in Angst.

Um sich das tatsächlich einmal bewusst vor Augen zu führen, kann man in einem Gebetstagebuch einmal alle Sorgen, aber auch alle Bitten, die man im Herzen trägt, auflisten. Dahinter lässt sich dann mit der Zeit vermerken, was sich erfüllt hat. Sie werden feststellen, dass sich höchstens ein Bruchteil der Sorgen, aber deutlich mehr Bitten erfüllen.

> Wer im Schutz des Höchsten lebt, der findet Ruhe im Schatten des Allmächtigen. Der spricht zu dem Herrn: Du bist meine Zuflucht und meine Burg, mein Gott, dem ich vertraue. Denn er wird dich vor allen Gefahren bewahren und dich in Todesnot beschützen. Er wird dich mit seinen Flügeln bedecken, und du findest bei ihm Zuflucht. Seine Treue schützt dich wie ein großes Schild. Fürchte dich nicht vor den Angriffen in der Nacht und habe keine Angst vor den Gefahren des Tages.
>
> *Psalm 91,1-5; Neues Leben Bibel*

4. Bilanz ziehen: Vom Träumen ins Handeln

Vielen ist sicherlich folgendes Gebet bekannt:
„Gott gebe mir die Gelassenheit, Dinge hinzunehmen, die ich nicht ändern kann, den Mut, Dinge zu ändern, die ich ändern kann, und die Weisheit, das eine vom anderen zu unterscheiden."
Was bedeutet das? An bestimmten Situationen kann ich tatsächlich nichts ändern, versuche das Beste daraus zu machen. Aber was ist mit den anderen Gegebenheiten? Wir resignieren so oft und lassen uns treiben. Dabei könnten wir so viel ändern, auch an unserer persönlichen Situation, wenn wir uns nur dazu entschließen würden.
Versuchen Sie, Möglichkeiten zu ergreifen. Bleiben Sie nicht stehen und geben Sie sich nicht auf. Verharren Sie nicht in Ihren Umständen, wenn Sie in Wirklichkeit unglücklich darin sind. Bleiben Sie nicht stehen. Wie sehen Ihre Träume aus? Was wollten Sie schon immer einmal tun? Überlegen Sie, was Ihnen Spaß macht, bilden Sie sich weiter, probieren Sie Neues aus. Es gibt wenige Dinge, die sich nicht ändern lassen und die wir annehmen sollten: unser Temperament, unser Körper, die nächsten Menschen, mit denen wir leben. Und es gibt das, was sich ändern lässt: unsere Garderobe, unser Arbeitsplatz – in erster Linie aber: unsere

Einstellung. Wenn Sie sich schon einmal einen Tag oder ein Wochenende bewusst Zeit genommen haben, die großen Fragen anzugehen, hilft Ihnen dieses Kapitel vielleicht dabei. Oder Sie nutzen es, um zu Hause wieder einzusteigen, wo Sie bei Ihrer Auszeit aufhören mussten. Fangen wir an, detailliert Bilanz zu ziehen. Von den unabänderlichen Dingen ist eines:

Mein Temperament

Ich bin, die ich bin

Gott hat Sie so geschaffen, mit diesen Proportionen, mit diesem Wesen. Da können Sie gerne auf andere schielen, gerne neidisch sein, das ist nicht zu ändern. Lassen wir doch mal die Idealvorstellung beiseite, die uns durch die Medien suggeriert wird. Natürlich werden wir nie all die guten Eigenschaften aller Temperamente in uns haben. Jedem von uns ist eben ein Temperament oder vielleicht auch die Kombination von zwei Temperamenten gegeben. Und jede Wesensart hat zwei Seiten, nämlich eine gute und eine schlechte. Lernen Sie, die guten Eigenschaften in sich zu aktivieren und die negativen unter Ihre Füße zu bekommen oder sich zumindest mit ihnen zu versöhnen.

Mit meinen Stärken und Grenzen leben

In Vorbereitung auf ein Referat habe ich für mich persönlich vor Jahren einen Persönlichkeitstest durchgeführt. Viele dieser Tests basieren auf der Annahme, dass es vier grundlegende Wesensarten oder Temperamente unter den Menschen gibt. Der griechische Arzt und Philosoph Hippokrates (460–377 v.Chr.) war der Erste, der diese Theorie entwickelte. Er erkannte folgende Temperamente: sanguinisch, melancholisch, cholerisch und phlegmatisch. Vielleicht haben Sie schon einmal etwas von dem DISG-Persönlichkeitstest gehört; dessen Prinzip basiert genau auf dieser Grundlage.

Jedem Temperament werden typische positive und negative Eigenschaften zugeordnet und in den meisten Fällen identifizieren sich die Personen tatsächlich damit. Nicht untypisch ist allerdings auch, dass man nicht unbedingt nur einem Temperament angehört, sondern eine Mischung aus zwei verschiedenen ist. Selten sind eher Menschen, die alle vier Temperamente in sich vereinen.

Als ich nun zur Auswertung des Tests kam, war ich nicht überrascht, dass ich eine gute Mischung aus zwei Temperamenten war. Ich las aufmerksam alle positiven und negativen Eigenschaften und konnte tatsächlich bei den meisten Aussagen nicken. Natürlich interessierten mich auch die anderen Temperamente, schließlich bereitete ich einen Vortrag zum Thema vor. Ganz neidisch musste ich dann allerdings feststellen, dass ich schon ein wenig wehmütig auf die guten

Charaktereigenschaften der anderen beiden Temperamente schielte. Die hätte ich eigentlich auch sehr gerne gehabt.

Ich will so bleiben, wie ich bin

Ich nahm mir einen Moment Zeit zum Nachdenken und Beten und fragte mich tatsächlich: Wenn ich die Möglichkeit hätte, mein Temperament auszusuchen, wenn ich wählen dürfte, wie würde ich mich entscheiden? Ich las nochmals aufmerksam alle Stärken und Schwächen der vier Temperamente durch. Schon bald war mir klar: Ich will genauso bleiben, wie ich bin. Klar, ich habe eine Menge Schwächen, dafür aber auch eine ganze Reihe von Stärken, und die möchte ich auf keinen Fall hergeben. Wir können uns nicht nur die guten Eigenschaften eines Temperaments heraussuchen und danach streben. Es wird immer auch Unangenehmes an uns geben, und das ist bei jedem so. Es gibt keine Person auf dieser Welt, die nur gute Eigenschaften hat.

In die Wiege gelegt

Ich bin davon überzeugt, dass Gott einem jeden von uns genau das Temperament mitgegeben hat, was richtig für ihn ist. Vielleicht hilft Ihnen ein Persönlichkeitstest, sich selbst besser zu verstehen, zu erkennen, wo Ihre Stärken liegen. Akzeptieren Sie sich so, wie Sie sind. An Ihrem Temperament können Sie nichts verändern. Was Sie aber tun können: Versuchen Sie Ihre Stärken richtig einzusetzen, erfreuen Sie sich an diesen positiven Eigenschaften, Dingen, die Ihnen in die Wiege gelegt worden sind. Nutzen Sie diese Fähigkeiten, um kreativ Ihr Umfeld zu gestalten, Möglichkeiten zu finden, diese Gaben einzusetzen. Wenn Sie gelernt haben, mit Ihren eigenen Stärken zu arbeiten, und nicht immer versuchen, die Stärken anderer Temperamente zu kopieren, werden Sie merken, dass Sie sich viel wohler in Ihrer Haut fühlen. Alles, was Sie tun, wird Ihnen viel leichter vorkommen, weil es eben Ihrer natürlichen Begabung entspricht.

Und die Schwächen?

Nun haben Sie mitbekommen, dass Sie voller wundervoller Gaben sind, die nur darauf warten, ausgelebt zu werden. Was machen Sie aber mit Ihren Schwächen? Leider ist es eben so, dass wir auch damit reichlich ausgestattet sind. Es sind immer wieder diese kleinen Eigenschaften an uns, die wir hassen und die es uns so schwer machen, uns zu lieben. Ich garantiere Ihnen, Sie werden Ihr Leben lang immer wieder mit diesen Schwächen konfrontiert werden. Aber das ist für Sie kein Todesurteil. Haben Sie den Mut, zu Ihren eigenen Fehlern zu stehen. Jeder Mensch hat Fehler, dafür sind wir Menschen. Sind wir uns unserer Schwächen erst einmal bewusst, haben

> Ich wär gern besser, als ich bin.
> Ist nicht schlimm, ich krieg's nicht hin.
>
> AUS „SCHÜTZE MICH" VON „ICH UND ICH"

wir auch immer die Möglichkeit, daran zu arbeiten. Mal gelingt mir das richtig gut, manchmal nicht, dann krieg ich's nicht besser hin.

Dann darf ich als gläubige Frau zu Jesus kommen und mich im Gebet mal so richtig ausheulen. Er kennt ja mein Temperament, und er weiß auch am besten, wie er mir helfen kann. Ich bete, bitte oft um Vergebung und bin gewiss, dass Jesus mir vergibt. Erlösung ist ja sein Job. Gott kennt Sie mitsamt Ihren ganzen negativen Eigenschaften, und er liebt Sie trotzdem, weil er ein gnädiger Gott ist. Ist das nicht eine gute Nachricht? Da gibt es jemanden, dem kann und brauche ich gar nichts vorzumachen. Der kennt mich durch und durch und liebt mich. Das macht es mir so viel leichter, mich mit mir und meinem eigenen Temperament zu versöhnen, mich so zu lieben und anzunehmen, wie ich bin.

Wer sich näher mit dem Thema „Temperament" auseinandersetzen will, dem empfehle ich:
- Florence Littauer: Einfach typisch! Die vier Temperamente unter der Lupe. Gerth Medien.
- Reinhold Ruthe: Typen und Temperamente. Die vier Persönlichkeitsstrukturen. Brendow.

Mein Äußeres

Bilanz vor dem Spiegel

Was Ihr Äußeres angeht, stellen Sie sich auch hier der Wahrheit. Vergleichen Sie sich nicht mit Models aus Zeitschriften oder dem Fernsehen. Denken Sie dran: Die machen den ganzen Tag nichts anderes, als schön zu sein. Dafür müssen sie viel tun, das ist harte Arbeit, und viele von ihnen leiden tatsächlich unter dem Druck, immer rappeldürr sein zu müssen. Schauen Sie nicht auf die makellosen Gesichter der Schönen, die scheinbar perfekten Figuren, an denen die neueste Mode wie eine zweite Haut wirkt. Denken Sie daran, dass diese Damen erstens sehr jung sind und zweitens stundenlang von Profivisagisten und Friseuren gestylt werden, dass ihnen die Kleidung für die Fotos mit Stecknadeln befestigt wird, dass Profifotografen mehrere Hundert Fotos schießen, um dann eins auszuwählen, welches mit Profigeräten retuschiert wird. Alles gar nicht echt. Und darauf sind Sie neidisch?

Spieglein, Spieglein

Während einer Diskussion über Schönheit fragt Vlado: „Spieglein, Spieglein an der Wand, wer ist die Schönste im ganzen Land?"
Joana, unsere sechsjährige Tochter, lächelt ahnungsvoll.
Vlado: „Die Mama."
Joanas Lächeln verzieht sich zu einem Schmollmund.
Vlado: „Aber hinter den sieben Bergen, bei den sieben Zwergen …"

> Joanas Gesicht strahlt wieder in freudiger Erwartung.
> Vlado: „... da gibt es jemand, der ist viel schöner."
> Joana grinst triumphierend.
> Vlado: „Und das ist meine Mutter."

Stellen Sie sich vor Ihren Spiegel und ziehen Sie Bilanz. Schauen Sie sich genau an, und dann entscheiden Sie. Nehmen Sie Dinge, die Sie nicht ändern können, so hin und akzeptieren Sie sie. Ihre Gesichtsform, Nase, Haarstruktur, Größe, ein breites Becken, knubbelige Knie, Falten, Grübchen, Schuhgröße. Gefällt Ihnen nicht? Pech, ist nicht zu ändern. Also versöhnen Sie sich doch lieber gleich mit diesen Gegebenheiten. Es macht das Leben sonst nur unnötig schwer, raubt Ihnen zu viel Energie, sich darüber zu ärgern. Ändern werden Sie doch nichts.

Aber es gibt auch etwas, das Sie tun können. Konzentrieren Sie sich jetzt einmal auf die Dinge, die Sie tatsächlich ändern könnten.

Die Sache mit dem Wunschgewicht

Wie sieht es mit Ihrer Figur aus? Sind Sie zufrieden mit Ihrem Gewicht, oder wünschten Sie sich, dass doch ein paar Pfunde verschwinden sollten? Vielleicht helfen Ihnen die Tipps in den Kapiteln „Ernährung" und „Bewegung", ein wenig mehr auf Ihre Linie zu achten und sich dabei ganz langsam in Richtung Wohlfühlgewicht zu bewegen. Sie werden staunen, wie ein paar abgenommene Kilos Ihr Selbstbewusstsein stärken. Das ist dann etwas, das Sie geschafft haben.

Lebensaufgabe

Hillary Clinton hat es gesagt, und wir alle wissen es längst: „Die richtige Frisur für sich zu finden, ist für eine Frau eine Lebensaufgabe."

Wie steht es mit Ihrer Frisur? Gefällt sie Ihnen noch, oder lassen Sie aus reiner Gewohnheit immer wieder denselben Schnitt schneiden? Fehlt Ihnen der Mut zur Veränderung? Probieren Sie ruhig Neues aus. Kaufen Sie sich Frisurenzeitschriften, gehen Sie zu einem guten Friseur, lassen Sie sich beraten. Ein neuer Schnitt, eine andere Farbe, und dann freuen Sie sich über Ihre Verwandlung.

Der Frau neue Kleider

Versuchen Sie sich an einem neuen Kleidungsstil. Manchmal tut es der Seele gut, wenn man seine eigene Garderobe von Zeit zu Zeit überprüft. Sachen, die Sie länger als zwei Jahre nicht angezogen haben, gehören in die Altkleidersammlung oder in den Second-Hand-Laden.

Ich selbst habe herausgefunden, dass sich mein Kleiderstil im Laufe der Jahre immer mal wieder verändert. Ich versuche nicht ganz so extrem mit der Mode zu gehen, da es tatsächlich auch eine Frage des Geldbeutels ist, sich jedes Jahr komplett einzukleiden. Glücklich ist hier, wer seinen eigenen Stil gefunden hat.

Eine Farb- und Stilberatung hat mir vor vielen Jahren bestätigt, was ich innerlich schon wusste. Ich gehöre zu dem Typ „sportlich-elegant". Und genau so sieht meine Garderobe auch aus. Mal sportlich, mal elegant, mal kombiniert. Je nachdem wie ich mich fühle. Finden Sie Ihren Stil. Vielleicht stellen Sie fest, dass Sie sich in Röcken viel wohler fühlen. Dann nur zu, stellen Sie um. Legen Sie sich ein paar Basics zu, die Sie immer wieder miteinander kombinieren können. Die weiße Bluse z.B. kann elegant mit Perlenkette zu einem Rock, aber auch zur Jeans getragen werden. Passen Sie Ihre Farben einander an, damit Sie möglichst viel kombinieren können. Eine Weste oder ein Blazer gibt Ihrem Outfit gleich etwas mehr Klasse und Eleganz.

> **Ein Vormittag im Kleiderschrank**
>
> Wenn meine Kleiderkammer überquillt, ich nicht mehr weiß, was ich anziehen soll, dann nehme ich mir einen ganzen Vormittag Zeit. Eigentlich nennt man das, was ich dann tue, „aufräumen"; ich definiere es allerdings anders, nämlich als „Wellnesstag im Kleiderschrank".
> Ich koche mir meinen Lieblingstee, lege im Schlafzimmer meine Lieblingsmusik auf und fange an. Alle meine Regale werden komplett leer geräumt. Schnell mit einem Lappen über die Holzflächen gewischt, dann sprühe ich etwas Parfum auf. Macht, dass die ganze Kleiderkammer duftet.
> Und dann fange ich an zu sortieren. Entsprechend meinem momentanen Geschmack wandert dabei so einiges in einen Karton mit der Aufschrift: „Für später aufbewahren". Sachen, die ich tatsächlich schon länger als zwei Jahre nicht mehr angerührt habe, verschenke ich. Unnötige Kleidung im Schrank führt nämlich häufig dazu, dass man ratlos davorsteht und nicht weiß, was man anziehen soll. Denn mal ehrlich, so wenig haben wir ja eigentlich nicht. Und immer wieder stelle ich fest, dass es gar nicht so viel braucht, um einigermaßen gut gekleidet zu sein. Meistens kehre ich immer wieder zu meinen Lieblingsstücken zurück, so manches Schnäppchen bleibt doch immer wieder im Schrank liegen und wird ein bisschen verachtet, höchstens ab und zu mal angezogen, es hat ja schließlich Geld gekostet.
> Ganz ordentlich verstaue ich dann die sortierte Kleidung wieder in meine Kleiderkammer, zufrieden mit der Ordnung und dem guten Gefühl, dass ich doch einiges habe, was mir gefällt.

Wellness für die Haut

Nicht jeder kann sich den Besuch bei der Kosmetikerin leisten. Muss man auch nicht. Ab und zu mal eine Gesichtsmaske, die Haut verwöhnen mit einer Ölmassage – probieren Sie aus, was Ihnen guttut. Und vielleicht stellen Sie fest, dass ein wenig Schminke Ihrem Gesicht noch mehr Ausdruck verleiht, Ihre Schönheit noch unterstreicht. Es muss nicht viel sein, gerade so, wie Sie sich wohlfühlen.

Ich habe mir angewöhnt, täglich zu duschen. Frisch geduscht mit geföhnten Haaren, etwas Make-up und meinem Lieblingsparfum bin ich sehr viel wacher, kreativer und selbstbewusster.

Ich kann mich noch gut an einen Tag erinnern, an dem wir von morgens bis abends unser Haus renovierten. Verklebt, schmutzig und in Malerzeug stellte ich kurz vor Ladenschluss fest, dass uns Brot und Milch fehlten. Zum Duschen und Umziehen war keine Zeit. Ich schwang mich ins Auto und fuhr auf dem schnellsten Weg zum nächsten Supermarkt. Mit gesenktem Kopf schlich ich durch die Gänge, immer in der Hoffnung, dass mich niemand sehen würde. Es kam, wie es kommen musste. Vor mir an der Kasse stand eine Teilnehmerin aus meinem Weight-Watchers-Treffen. Sie schaute mich an, aber es kam keine Reaktion. Ein paar Minuten später trafen sich unsere Blicke, ihr Gesicht hellte sich auf und sie rief: „Ach, Frau Malisic, Sie sind es, ich hätte Sie jetzt gar nicht erkannt." Ich konnte gerade noch nett lächeln, am liebsten wäre ich allerdings im Erdboden versunken.

Versöhnen Sie sich mit sich selbst. Wenn Sie gelernt haben, die Dinge an sich zu akzeptieren, die Sie nicht ändern können, dafür aber zur Entfaltung bringen, was in Ihnen steckt, werden Sie feststellen, dass es Ihnen viel leichter ums Herz wird.

Meine Kinder

Zu Beginn meiner Ehe war für meinen Mann und mich klar, dass wir auf jeden Fall Kinder haben wollten. Im günstigsten Fall wollten wir vier haben. Nach dem ersten war ich der Meinung, eigentlich reicht eins. Ich weiß gar nicht, was für Träumen sich junge Frauen hingeben, wenn der Kinderwunsch entsteht. Wir beobachten in den Medien junge Mütter, die ihre Kinder liebevoll umsorgen, mit den besten Windeln, dem spektakulärsten Kinderwagen, dem übersicheren Autositz ausstatten. Kinder, die auf Fotos strahlen, und Mütter, denen das Mutterglück im Gesicht steht. Ich habe geweint, als mein erster Schwangerschaftstest positiv war, vor Glück. Und dieses Glück bleibt, während der Schwangerschaft, bei der Geburt und in den Jahren, in denen die lieben Kleinen heranwachsen. Aber zum Glück gesellen sich auch die Sorgen, die Arbeit, die Überforderung, die Nerven, die so oft blank liegen.

Und dann stellen Sie fest, dass Sie nicht mehr können, Ihre Kinder anschreien, obwohl Sie das nie wollten. Ich wusste genau, wie ich meine Kinder erziehen würde, und habe doch so vieles anders gemacht. Manches aus Unwissenheit, manches aus Überforderung, manches aus Bequemlichkeit und manches aufgrund meines Temperaments. Könnte ich das Rad zurückdrehen, ich würde sicherlich einiges anders machen. Aber egal, wie viele Erziehungsfehler wir gemacht haben, es gibt etwas, das die meisten Mütter irgendwann einmal bereuen. Wir alle wünschten uns, wir hätten mehr Zeit mit unseren Kindern verbracht. Kinder zu bekommen heißt nämlich auch, Zeit mit ihnen zu verbringen. Wir erziehen sie ja nicht nur für die Gesellschaft, damit sie irgendwann einmal aus dem Haus gehen und für unsere

Rente arbeiten. Wir haben Kinder, damit wir Gemeinschaft mit ihnen haben, damit sie unsere Familie bereichern.

Und auch wenn Ihr Temperament wie meins nicht unbedingt den Ehrentitel Übermutter trägt: Halten Sie Ihr Herz weit. Freuen Sie sich an Ihren Kindern, interessieren Sie sich für sie, für ihre Belange. Die Welt der Kleinen ist genauso wichtig, genauso ernst zu nehmen wie Ihre eigene. Meine kleine 7-jährige Tochter interessiert sich nicht dafür, ob wir irgendwelche finanziellen Sorgen haben. Sie möchte, dass ich ihr selbst gemaltes Bild lobe, mit ihr Karten spiele oder schwimmen gehe. Das ist ihre Welt. Ich habe mich für meine Kinder entschieden, also muss ich auch lernen, in ihrer Welt zu leben. Ich bin gerne Mutter, nehme sie gerne in den Arm, erfreue mich an ihnen und hoffe, dass wir für immer eine gute Beziehung haben werden.

Während die Zeit der Kleinkindphase wirklich anstrengend war, erlebe ich jetzt mit schon etwas älteren Kindern tatsächlich mehr Entspannung. Ich sage das jeder jungen Mutter, dass sie gerade die schwierigste Phase ihres Lebens durchlebt. Aber seien Sie gewiss, diese Zeit vergeht schnell, und dann wünschen wir uns manchmal die Zeit mit Gummistiefeln in Pfützen wieder zurück.

> Es freut mich sehr und erfüllt mich irgendwie auch ein wenig mit Stolz, wenn mein 18-jähriger Sohn mir ein Kompliment macht. „Wow, Mama, du siehst echt klasse aus." Was für eine Aussage von einem 18-Jährigen. Da freut sich meine Seele. Aber es gibt etwas, was meine Kehle trocken macht, etwas, was mich mitten ins Herz trifft. Wenn dieser 1,86 große Junge seine Mutter in den Arm nimmt und mir versichert: „Du bist eine gute Mutter." Dann muss ich ein wenig weinen, dann weiß ich, ich hab doch nicht alles falsch gemacht.

Meine Ehe

Bis dass der Tod uns scheidet

Statistisch gesehen liegt die Scheidungsrate in Deutschland bei über 50 Prozent. Das bedeutet, dass jede zweite Ehe geschieden wird. Allerdings handelt es sich hierbei nur um die tatsächlich geschiedenen Ehen. Getrennt lebende Paare sind nicht mitgezählt, unglückliche Ehen auch nicht. Wie kann es immer wieder dazu kommen, dass sich Paare auseinanderleben, sich nichts mehr zu sagen haben und sich letztendlich voneinander trennen? Heiraten wir nicht alle aus ein und demselben Grund? Wir sind verliebt, sind der Meinung, den Mann fürs Leben gefunden zu haben, geben ihm unser Ja-Wort, und er gibt uns seins. Ich habe noch keine unglückliche Braut kennengelernt, jede von uns hat doch diese Entscheidung aus tiefstem Herzen getroffen. Und dennoch, die Dinge ändern sich. Wir stellen mit den Jahren fest, dass unser Traumprinz doch auch seine Macken hat, werden unzufrieden und nicht zuletzt auch unglücklich. Wir haben eine hohe Erwartungshaltung an unsere Ehemänner. Sie sollen möglichst liebevoll, zärtlich, tolerant, einfühlsam, charmant, witzig, erotisch, gut riechend, attraktiv, handwerklich begabt, erfolgreich und sportlich sein, uns im Haushalt unterstützen und alle unsere Rechnungen bezahlen können. So stellen wir uns unseren „Prinz Charming" vor, so könnte es uns gefallen. Haben wir aber daran gedacht, dass es diese Vollkommenheit nur in Filmen und im Märchen gibt? Die umgekehrte Frage, die wir uns stellen könnten, wäre nämlich die: Wie stellen sich unsere Männer denn ihre Traumfrau vor? Haben wir nicht genauso viele Defizite wie unsere Männer auch? Bereits im Kapitel über die verschiedenen Temperamente ist deutlich geworden, dass niemand von uns über alle guten Eigenschaften verfügt. Wir sind die Ehe eingegangen im Glauben, den richtigen Partner gefunden zu haben. Ich bin auch heute noch der Meinung, dass die Worte „... bis dass der Tod uns scheidet, in guten wie in schlechten Zeiten" Gültigkeit haben. Aber das Letzte, was ich mir vorstelle, ist, neben einem Mann mein Dasein zu fristen, den ich nicht mehr liebe, ja vielleicht heimlich sogar verabscheue. Das geht vielen Frauen so. Sie sind gefangen in ihrem Denken, steigern sich in eine Ablehnung hinein, die natürlich auch ihre Männer spüren. Da, wo einmal Liebe gewesen ist, ist höchstens noch Gewohnheit. Man hat sich miteinander arrangiert, lebt irgendwie so vor sich hin. Wirklich gerne verheiratet ist man nicht mehr. Bedürfnisse, die Sie als Frau haben, werden nicht mehr gestillt. Das Bedürfnis nach Liebe und Anerkennung steckt aber in jedem Menschen, also suchen wir es an anderer Stelle. Viele unserer heimlichen Süchte sind Folge einer abgestumpften Ehe. Aber sosehr wir uns bemitleiden, haben wir vielleicht einmal daran gedacht, dass es unseren Männern ebenso geht? Wir denken so oft nur daran, wie unglücklich wir sind, sind denn unsere Männer glücklich?

> Das erklärt, warum ein Mann seinen Vater und seine Mutter verlässt und sich an seine Frau bindet und die beiden zu einer Einheit werden.
> *1. Mose 2,24; Neues Leben Bibel*

Ein Mann möchte gerne seiner Frau ein schönes, glückliches Leben ermöglichen. Die wenigsten planen von vornherein eine unglückliche Beziehung. Sie wünschen sich eine Partnerin, die sie lieben und achten können, mit der sie zu einer Einheit werden. Das ist von Gott so geplant, so gewollt. Und wie sieht die Realität aus? Jeder geht seinen eigenen Bedürfnissen nach und schaut, wie er am besten dabei wegkommt. Eine Ehe muss gepflegt werden, jährlich, monatlich, wöchentlich, täglich. Wir achten so sehr darauf, dass die Bedürfnisse aller gestillt werden, unsere Ehe kommt schnell zu kurz dabei. Weil wir vielleicht das Interesse daran verloren haben, weil es so schwierig ist in einer so engen Zweierbeziehung. Es ist ja Ihr Mann, der nicht nur Ihre Stärken und guten Eigenschaften kennt, sondern eben auch Ihre Schwächen. Genauso kennen Sie die Ihres Mannes. Keiner von uns hat nur Gutes zu bieten. Die Kunst, in einer glücklichen Ehebeziehung zu leben, liegt im ständigen Hegen und Pflegen dieser Beziehung.

Susanne Risch: Mal rauskommen zu zweit

Mein Mann und ich haben zwei kleine Kinder. Nils ist vier, Mia zwei Jahre alt. Wir sind beide berufstätig. Mein Mann arbeitet vierzig Stunden wöchentlich im Schichtdienst, ich habe eine Halbtagsstelle. Abends sehen wir uns häufig und reden dann über die Geschehnisse und Neuigkeiten des Tages.

Oft wird aber noch bis 22 Uhr gebügelt, die Küche aufgeräumt, geputzt oder Büroarbeit erledigt. Dass bei dem straffen Programm wenig Zeit für Zweisamkeit bleibt, ist klar.

Mein Mann hatte dann vor ca. einem Jahr die Idee, mit mir mal alleine ein Wochenende wegzufahren. Unsere Kinder blieben in dieser Zeit bei meinen Schwiegereltern.

Da alles reibungslos funktionierte, planten wir eine Wiederholung. Mittlerweile gönnen wir uns etwa alle acht Wochen ein Wochenende zu zweit und können so mal nur uns beide genießen. Abends schön essen, in die Sauna gehen, ausschlafen, einen Drink in der Hotelbar nehmen, ohne Hektik shoppen, Sehenswürdigkeiten in aller Ruhe erkunden – dafür haben wir dann endlich mal Zeit.

Nürnberg, Erfurt, Dresden, Berlin und Graz haben wir schon bereist, im Dezember geht's nach Leipzig.

Nach einem solchen Wochenende nur für uns kehren wir erholt und mit neuen Kräften zurück. Wir fühlen uns besser, haben wieder mehr Geduld für unsere Kinder und den Alltag und haben das gute Gefühl, uns mal was nur für uns zwei gegönnt zu haben.

Ein Garten

Man kann eine Ehe ganz gut mit einem Garten vergleichen. Ein schöner Garten muss immer wieder bearbeitet werden. Das wuchernde Unkraut muss regelmäßig gezupft, Sträucher und Bäume beschnitten, es müssen je nach Jahreszeit neue Blumen gepflanzt und die Wege gekehrt werden. Dann wird so ein Garten eine Oase für alle Sinne.

Unkraut zupfen

> Sündigt nicht, wenn ihr zornig seid, und lasst die Sonne nicht über eurem Zorn untergehen.
>
> *Epheser 4,26; Neues Leben Bibel*

Eine Ehe, in der kein Streit vorkommt, gibt es gar nicht. Es wird immer wieder Auseinandersetzungen geben, Zusammenstöße sind unvermeidbar, weil wir eben doch alle Individuen sind. Jeder möchte gerne seine Rechte durchboxen; in einem Streit ist jeder der Meinung, er sei im Recht. Wütend zu sein heißt aber nicht gleich, den anderen zu beleidigen oder sogar respektlos zu behandeln. Am Anfang unserer Ehe haben wir uns das fest vorgenommen und uns bis heute dran gehalten.

Egal wie wütend wir aufeinander sein können, wir beschimpfen uns nicht mit Kraftausdrücken, die den anderen beleidigen. Wir versuchen immer, einander Respekt und Achtung entgegenzubringen. Das ist nicht immer einfach, doch mit dieser kleinen Regelung ist es uns gelungen, auch nach 21 Jahren Ehe achtsam miteinander umzugehen.

Halten Sie sich an die weise Aufforderung aus der Bibel, nicht schlafen zu gehen, bevor ein Streit geklärt ist. Das bedeutet, jeden Tag alles Unkraut auszureißen, was gewachsen ist. Und hin und wieder ist es nötig, auch unausgesprochenen Ärger zu besprechen. So lässt sich aufgestaute Wut auf Dauer vermeiden.

Bäume und Sträucher beschneiden

> Warum regst du dich über einen Splitter im Auge deines Nächsten auf, wenn du selbst einen Balken im Auge hast?
>
> *Matthäus 7,3; ; Neues Leben Bibel*

Wenn Bäume und Sträucher nicht jedes Jahr immer wieder beschnitten werden, wuchern sie wild, kreuz und quer, so wie wir es gar nicht wollten.

In einer Ehe eins zu sein bedeutet auch, dass jeder an sich selbst arbeiten muss. Es nützt gar nichts, wenn wir unserem Partner immer nur vorwerfen, was er falsch macht, und ihm klarmachen, wie wir ihn stattdessen gerne hätten. Es nützt nichts, davon zu träumen, wie sich die Dinge in der Ehe verändern könnten, wenn sich bloß unser Partner verändern könnte. Fangen Sie bei sich selbst an. Schauen Sie nicht immer nur auf das Manko des anderen. Wie können Sie sich verändern? Was können Sie dafür tun, damit Ihr Mann glücklich ist? Fangen Sie an, Ihre eigenen Äste zu beschneiden. Was sind Ihre Defizite? Was ist es, das Ihren Mann an Ihnen stört? Wenn Sie es nicht wissen, fragen Sie. Im besten Fall ergibt sich daraus ein für beide wirklich interessantes Gespräch. Stoßen Sie dabei auf schwerer wiegende Probleme, dann zögern Sie auch nicht, eine Beratungsstelle aufzusuchen. Städte, Gemeinden und die großen Kirchen unterhalten in jeder größeren Stadt solche Anlaufstellen, und in manchen christlichen Gemeinden gibt es auch einen Seelsorgedienst.

Blumen pflanzen

Was meinen Sie wohl, was passiert, wenn ein Mann das Gefühl hat, seine Frau ist glücklich mit ihm? Was passiert, wenn Sie frische Blumen in Ihren Ehegarten pflanzen? Versuchen Sie doch einmal unabhängig von Ihrer Situation Ihrem Mann Gutes zu tun. Seien Sie zunächst einmal selbstlos. Kleinigkeiten aus Liebe getan, darauf reagiert jeder Mann. Ich bringe meinem Mann z.B. fast jeden Morgen eine Tasse Kaffee ans Bett, seit 21 Jahren. Ist zwar schon zur Gewohnheit geworden, trotzdem tue ich das gerne. Ich warte nicht darauf, dass er mir ständig sagt, dass er mich liebt, sondern sage ihm das von mir aus, und auch, dass ich gerne mit ihm verheiratet bin. Manchmal kaufe ich eine Kleinigkeit und überrasche ihn damit. Warum warten immer nur wir auf die Blumen? Wo steht geschrieben, dass nicht auch wir unsere Männer mit solchen Dingen überraschen können? Bauen Sie kleine Highlights in Ihre Ehe ein. Das kann ein Eheabend in der Woche sein. Ein Abend, an dem nur Sie und Ihr Mann Zeit füreinander haben. Verbringen Sie den in einem schönen Restaurant oder genießen Sie ein liebevoll zubereitetes Essen bei Kerzenschein zu Hause. Wenn Sie die Möglichkeit dazu haben, fahren Sie ab und zu mal ohne Kinder für ein verlängertes Wochenende weg und genießen Sie die Zweisamkeit. Reden Sie miteinander. Es gibt nichts Wichtigeres als die Kommunikation untereinander. Nicht nur über die Kinder und die anstehenden Reparaturen im Haus. Teilen Sie Ihrem Mann mit, was Sie im Innersten bewegt, und hören Sie sich an, was ihn umtreibt. Zeigen Sie Ihrem Mann, dass Sie sich für ihn interessieren.

Wege kehren

Wenn schon viel Streit, Misstrauen, Respektlosigkeit, vielleicht sogar Untreue oder Abneigung Ihre Ehe gefährden, dann sind Sie gar nicht mehr alleine in der Lage, die Sache in Ordnung zu bringen. Therapeutische Hilfe wie z.B. eine Eheberatungsstelle kann dann für Sie eine Hilfe sein. Sagen Sie nicht: „Das wird schon wieder." Es wird nicht wieder. Lassen Sie den Karren nicht laufen. Ziehen Sie die Notbremse. Konfrontieren Sie Ihren Partner mit Ihrer Situation und versuchen Sie, gemeinsam eine Lösung zu finden. Erinnern Sie sich daran, dass Sie Ihren Mann aus Liebe geheiratet haben. Es gibt immer Möglichkeiten der Veränderung, es gibt für jede Ehe einen Neuanfang. Kämpfen Sie dafür, Sie sind es sich wert.

Bei körperlichem oder seelischem Missbrauch und Gewalttätigkeit empfehle ich Ihnen dringend die Hilfe eines Seelsorgers oder einer entsprechenden Beratungsstelle aufzusuchen. In solchen Fällen muss erst einmal Heilung der Persönlichkeit beim Einzelnen stattfinden, bevor Sie an Ihrer Ehe arbeiten können. Manchmal ist dann sogar eine Trennung unumgänglich.

Liebeserklärung

21 Jahre sind wir nun schon verheiratet, da könnte schon so die Gewohnheit eingezogen sein, da kribbelt es nicht mehr im Bauch, müsste man annehmen. Wenn ich eine Liebeserklärung von meinem Mann bekomme, dann ist das immer sehr speziell. An eine Begebenheit kann ich mich gut erinnern. Vor ca. fünf Jahren habe ich in Wolfsburg mein viertes Weight-Watchers-Treffen eröffnet. Eigentlich war das für mich die erste Eröffnung. Die anderen Treffen hatte ich von einer Kollegin übernommen oder gesplittet. Ich war ziemlich aufgeregt und nervös. Während ich da vor ca. 35 neuen Teilnehmern und meiner Gebietsbeauftragten stehe und das Programm erkläre, öffnet sich plötzlich die Tür. Ein riesiger Strauß roter Rosen kommt zum Vorschein, dahinter mein Mann. Er kommt auf mich zu und entschuldigt sich bei den anwesenden Gästen mit den Worten: „Entschuldigen Sie bitte, dass ich Ihre Versammlung hier störe, aber ich muss dieser wunderbaren Frau zu ihrer Eröffnung gratulieren." Er drückt mir einen Kuss ins Gesicht und verschwindet wieder – und ich heule, und mindestens die Hälfte der anwesenden Frauen auch.

Meine Arbeit

Die Sache mit dem Job

In einem Buch von Nicholas Sparks habe ich einmal einen Satz gelesen, der mich sehr geprägt hat: „Bringe gute Arbeit für deinen Lohn, alles andere ist Diebstahl." Funktioniert auch andersherum: Wenn du gute Arbeit bringst, lass dich gut bezahlen. Alles andere ist Diebstahl. Viele arbeiten in abstumpfenden Jobs, weil sie müssen. Natürlich ist jeder seines Glückes Schmied und sollte sich im Extremfall auch überlegen, eine andere Stelle anzunehmen. Auch hier geht es im Wesentlichen um die Grundeinstellung: Nehme ich mich selbst an in den Umständen, in denen ich mich befinde? Dann kann ich auch eine langweilige, anstrengende, unbefriedigende Arbeit so gut wie möglich und so lange es erforderlich ist, tun. Ich selbst bin nun in der glücklichen Situation, dass ich einer Arbeit nachgehe, die mir tatsächlich viel Spaß macht. Aber wie bei allen Dingen gibt es auch hier zu erledigende Aufgaben, die ich gar nicht mag. So zum Beispiel die komplette Administration der Weight-Watchers-Treffen und die Schlepperei der Produkte in meinen Gruppenraum: Wenn es nur das Leiten der Treffen wäre, wenn ich nur reden und zuhören bräuchte, wenn ich nur motivieren müsste, das wäre mir ein Leichtes, eine reine Freude. Aber zu meinem Job gehört eben auch das Aufbauen des Gruppenraums. Das bedeutet jedes Mal 40 Stühle stellen, Tische ordnen, Produkte aufbauen, hinterher wieder alles abbauen. Es bedeutet, nach den Treffen eine Abrechnung zu erstellen, Karteikarten zu pflegen und vieles andere mehr. Eine ganze Zeit lang bin ich diese mir unliebsamen Aufgaben nur sehr lässig und widerwillig angegangen. Wurde es davon besser? Ganz im Gegenteil. Je mehr mich diese Notwendigkeiten genervt haben, umso weniger gerne tat ich sie. Aber ich werde von meiner Firma bezahlt für meine Leistung. Also habe ich angefangen, in allem mein Bestes zu geben. Auch in den Dingen, die ich nicht gerne tue. Ich nehme meinen iPod mit in den Gruppenraum. Und während ich die Stühle stelle, höre ich nebenbei meine Lieblingsmusik.

Es kommt auch hier auf die Einstellung an. Jede Arbeit, auch die unangenehmste, kann angenehm werden, wenn ich mir selber vermittele, dass das, was ich tue, enorm wichtig ist. Das, was ich tue, wird von meinem Chef bezahlt; ich will ihm nichts schuldig bleiben, also leiste ich 100 % gute Arbeit, so gut ich eben kann.

Zu viel Mühe

Was aber tun, wenn Sie tatsächlich an Ihrem Arbeitsplatz unglücklich sind? Was, wenn die beste Einstellung nicht hilft? Was, wenn Sie die Arbeitsbedingungen für unzumutbar halten, wenn Sie ungerecht bezahlt werden, wenn Sie vielleicht von Kollegen oder dem Chef gemobbt werden? Mobbing am Arbeitsplatz scheint zur Volkskrankheit geworden zu sein. Wenden Sie sich an den Personalrat, sprechen Sie Ihre Situation ganz offen an. Wenn gar nichts hilft, wenn sich der Zustand nicht verbessert, dann gehen Sie ein Risiko ein. Suchen Sie sich einen neuen Job. Manchmal ist dieser Schritt einfach der bessere. Ist Ihnen zu gewagt? Natürlich würde ich Ihnen nie empfehlen, spontan Ihren Arbeitsplatz zu kündigen, ohne eine neue Stelle zu haben. Aber halten Sie Ihre Augen offen. Niemand kann Ihnen verbieten, mal eine Bewerbung zu schreiben, zu einem Vorstellungsgespräch zu gehen. Und wenn Ihr Bauch und Ihr Herz sagen: Das ist es!, dann wagen Sie den Schritt. Schlimmer als bisher kann es ja nicht werden.

Arbeit, die Freude macht

Die meisten Frauen, auch Mütter, sind mittlerweile berufstätig. Und wenn man die Stunden zählt, die sie außer Haus verbringen, sich vorstellt, dass sie dieser Arbeit nur unter großer Anstrengung und Mühe nachgehen, braucht man sich nicht zu wundern, wenn diese Frauen zu Hause unausgeglichen und nörgelig sind. Ein Arbeitsplatz, der eine Frau ausfüllt, schenkt so viel mehr als das Plus auf dem Bankkonto. Lob und Anerkennung, die ja meist in der Familie fehlen, können wir uns bei der Arbeit holen. Oder haben sich Ihr Mann oder die Kinder jemals für geputzte Fenster oder gebügelte Wäsche bedankt? Wir sind stolz auf das, was wir geleistet haben, oft bekommen wir tatsächlich Anerkennung von unserem Umfeld, nicht zuletzt aber dann tatsächlich im Portemonnaie. Und Sie werden das gute Gefühl genießen, Ihr eigenes Geld zu verdienen. Sie können sich selbst einmal etwas gönnen, ohne ein schlechtes Gewissen zu haben. Und dennoch gibt es viele Frauen, die sich mit dem, was sie verdienen, so gerade über Wasser halten können und die sich kaum je „etwas gönnen" können. Wenn Sie dazu gehören, bauen Sie sich Wohlfühl-Highlights in Ihren Alltag ein. Verbringen Sie nach einem anstrengenden Arbeitstag Zeit mit den

> **Ein Arbeitsplatz, der eine Frau ausfüllt, schenkt so viel mehr als das Plus auf dem Bankkonto.**

Kindern, auch wenn die mal schlecht drauf sind. Gehen Sie im Wald spazieren, backen Sie einen Kuchen, trinken Sie mit einer Freundin eine Tasse Tee. Das alles können Sie auch ohne Geld tun und gewinnen trotzdem das Gefühl, sich etwas Gutes zu tun. Gerade wenn Sie momentan keine andere Möglichkeit haben als einer sinnentleerten Arbeit nachzugehen, müssen Sie noch mehr darauf achten, in Ihrer Freizeit eine Beschäftigung zu suchen, die Sie ausfüllt. Das kann eben die Zeit mit den Kindern sein, ein Ehrenamt oder auch Ihr eigener Garten. Überlegen Sie, was Sie ausfüllt.

5. Life balance: Veränderung kann stattfinden

Bei allen konkreten Veränderungen, die Sie für Ihre Situation beschließen, gibt es einige wenige Dinge, die es zu berücksichtigen gilt. Fallen Sie nicht auf der anderen Seite vom Pferd, indem Sie die äußeren Bedingungen Ihres Lebens umkrempeln, hart an der Verwirklichung manchen Traums arbeiten, aber im Grunde genauso weiterackern wie zuvor – nur dass Sie das Spielfeld gewechselt haben. Im Frieden mit sich selbst zu leben ist das Ziel aller Veränderung!

Zeit finden

Woher die Zeit?
Sie haben für sich Entscheidungen der Veränderung getroffen, Sie stehen am Start Ihres neu gewählten, befreiten und entspannten Lebens und merken: Zu Hause hat sich nichts verändert. Woher nehmen Sie jetzt die Zeit, tatsächlich das Tempo herunterzufahren, ruhiger und ausgeglichener zu leben, und dennoch den Verpflichtungen des Alltags nachzukommen?
Frage ich die Teilnehmer in meinen Kursen, was sie davon abhält, sich regelmäßig zu bewegen, ist es meistens Zeitmangel. „Ich habe keine Zeit, jetzt nicht, später …", sind nicht nur die Lieblingssätze der Mütter, sondern auch all der Frauen, die der Meinung sind, immer in Aktion sein zu müssen, ständig irgendetwas erledigen zu wollen. Mit vier Kindern, verheiratet, berufstätig, hätte ich nach meinem Entschluss

zur Veränderung auch Zeitmangel für jede Art von Vergnügen vorschieben können. Hab ich auch, sehr oft. Mit dem Ergebnis, dass ich immer unzufriedener wurde. Wer bestimmt eigentlich, was ich in welcher Zeit zu erledigen habe? Bin ich berufstätig, kann mein Chef schon ein gewisses Maß an Leistung von mir fordern. Aber nur für einen bestimmten Zeitraum. Irgendwann am Tag habe ich Feierabend, die meisten nach 8 Stunden Arbeit. Der Tag hat 24 Stunden. Gehen wir mal davon aus, dass unser Schlafbedürfnis bei ca. 7 ½ Stunden täglich liegt, bleiben uns noch 8 ½ Stunden zur freien Verfügung. Was machen wir mit dieser Zeit? Verbringe ich tatsächlich den größten Teil meiner Freizeit mit Verpflichtungen, oder vertrödele ich sogar eine Weile vor dem Fernseher oder dem PC, und frage mich hinterher: „Was hab ich eigentlich heute getan?" Viele Jahre meines Lebens versuchte ich die Stunden mit Arbeit zu füllen. Es gab kaum mal einen Moment, den ich mir bewusst zum Entspannen für mich nahm. Selbst meine Stille Zeit mit Gott habe ich gerne vernachlässigt, immer mit der Ausrede: „Es ist ja so viel zu tun." Und wenn ich mir dann doch einmal einen Freiraum schuf, dann oft mit einem schlechten Gewissen. Die Folge davon war, dass ich immer unzufriedener wurde, ständig herumnörgelte und mit einer säuerlichen Miene die Familienatmosphäre vergiftete. Nachdem mir mein ältester Sohn einmal an den Kopf warf, ich hätte echt ein „Das-Wort-kann-man-nicht-in-einem-Buch-veröffentlichen"-Leben, ich sei immer nur am Arbeiten, hätte 1000 Verpflichtungen und überhaupt keinen richtigen Spaß, schluckte ich einmal schwer. Allerdings musste ich ihm innerlich recht geben. Dabei hatte ich schon auch immer mal Zeiten, die ich mir bewusst für mich nahm. Das regelmäßige Laufen, mal abends mit einer Freundin zum Essen, mit einem Buch in der Hängematte, es gab schon auch immer mal wieder Phasen, in denen ich mir bewusst Momente nur für mich nahm. Dennoch ballten sich oft die Termine, die Verpflichtungen, die Arbeit türmte sich, und Stress war unvermeidlich. Die schnelle Antwort darauf hieß bei mir oft: eine Tafel Schokolade oder eben mit der Familie meckern.
Ich brauchte eine grundlegende Veränderung. Und die hieß Zweidrittel-Regel. In der Theorie kannte ich diese Regel natürlich schon lange, selbst in meinem ersten Buch steht ein Ansatz davon. Aber es ist immer eine Sache, die Dinge im Kopf zu haben, und die andere Sache, sie auch umzusetzen. Also entwickelte ich für mich selbst eine neue Strategie.

Zweidrittel-Regel
Zweidrittel-Regel bedeutet, dass wir unsere Tage, Wochen und Monate in Drittel aufteilen. Nur zwei Drittel werden verplant, ein Drittel bleibt für die persönliche Zeit oder für Unvorhergesehenes. Dabei gehören zu Terminen nicht nur die außerhäuslichen Aktivitäten. Auch bestimmte Aktionen im Haus, wie z.B. Steuererklärung anfertigen, ein Vormittag im Vorgarten, den Keller gründlich aufräumen gehören zu den Angelegenheiten, die geplant werden sollten.

Habe ich also morgens und abends einen Termin, bleibt der Nachmittag frei. Das heißt aber auch, dass ich nach einem bestimmten Pensum an Haus- oder Gartenarbeit aufhöre und den Rest liegen lasse. Hört sich leicht an. Dafür muss allerdings ein Schalter im Kopf umgelegt werden, denn das Wörtchen „perfekt" muss aus unseren Gedanken gestrichen werden. Wenn wir anfangen, auch mal fünf gerade sein zu lassen, dann ist es tatsächlich möglich, nach getaner Arbeit auch mal die Füße hochzulegen. Wenn ich beispielsweise dienstags vormittags und abends arbeite, dann mache ich nachmittags nichts mehr. Auch nicht, wenn eigentlich gesaugt werden müsste. Das hat auch Zeit bis Mittwoch. Ich nehme mir Zeit für ein Buch, surfe im Internet, spiele oder erzähle mit den Kindern. Manchmal sind es völlig unwichtige Dinge, aber ich habe das gute Gefühl, nicht ständig nur zu arbeiten. In den Zeiten des Nichts- oder Wenig-Tuns schöpfe ich Kraft, um voller Elan in den Zeiten des Arbeitens doppelt so viel zu schaffen. Unterm Strich kommt die geschaffte Arbeit aufs Gleiche raus, nur mit dem Unterschied, dass ich dabei zufriedener bin.

Und dann kommen doch so oft die spontanen Termine dazu. Ein Kind wird krank, ein Elternabend, eine unvorhergesehene Besprechung. Dann ist man froh, wenn nur zwei Drittel des Tages, der Woche und des Monats verplant sind, denn so ist immer noch Platz für Unvorhergesehenes.

10.05.2000

Julian wird 7. Er freut sich über seine Geschenke, er bekommt eine Wasserbahn, Kleinigkeiten und eine heiß begehrte Spielzeugpistole. Er muss zur Schule, geht in die 1. Klasse. Nachmittags haben wir beide Klavierunterricht, Vlado ist auf Pastorenkonferenz, die Kindergeburtstagsfeier wird am Samstag nachgeholt. Wir werden ins Schwimmbad gehen. Julian kann schwimmen.

Damit der Tag besonders schön für ihn wird, sorge ich dafür, dass sich seine Brüder Manuel, Jonathan und Steven mit ihren Freunden verabreden. Ich fahre mit Julian in die Stadt, das Wetter ist schön, die Sonne strahlt. Ich überrasche ihn mit einem Eisdielenbesuch. Er freut sich riesig, bestellt einen großen Erdbeerbecher, den er kaum aufgegessen bekommt. Immer wieder schaut er mich über den Eisbecherrand an und lächelt. Ich stelle wieder einmal fest, dass ich zu wenig Zeit mit ihm verbringe, überhaupt mit den Kindern. Immer ist etwas zu tun, immer stehen scheinbar dringende Aufgaben an. Wann nehme ich mir so richtig Zeit nur für die Kinder, mal mit einem alleine?

Wir genießen die Zeit zusammen, schlendern hinterher durch die Fußgängerpassage. Julian achtet darauf, dass er die ganze Zeit meine Hand hält. Dann haben wir zusammen Klavierunterricht, bei der gleichen Lehrerin. Julian hat mich ans Klavierspielen herangeführt, dafür bin ich ihm so dankbar.

Abends zu Hause machen wir es uns noch alle gemütlich, dann gehen wir ins Bett. Eine Tradition bei uns: Das Geburtstagskind darf mit Mama ins Bett, Süßigkeiten werden genascht, und ich lese eine Geschichte aus einem neuen Buch vor. Später will ich das Licht ausmachen und frage meinen kleinen Schatz: „Und Julian, über welches Geschenk hast du dich denn am meisten gefreut?"

„Rate mal", grinst er mich an.

Ich zähle die Geschenke nacheinander auf, weiß natürlich, dass er sich besonders über die kleine, schwarze Spielzeugpistole gefreut hat. Er schüttelt beim Aufzählen verneinend den Kopf. Zum Schluss sage ich triumphierend: „Über die Pistole." – „Nein, Mama, über dich."

Mit Tränen in den Augen schlafe ich ein.

Das war drei Monate und vier Tage vor seinem Tod. Was vor Jahren Freudentränen waren, sind jedes Jahr am 10. Mai Trauertränen. Dann ist mir, als wäre es gestern erst passiert. Wie gut ist es, dass ich an seinem Geburtstag die richtigen Prioritäten gesetzt habe. So darf zumindest diese Erinnerung in meinem Herzen sein.

Wichtig oder dringend?

„Ich habe zu viel Wichtiges zu erledigen, die Zweidrittel-Regel funktioniert bei mir nicht, ich wüsste gar nicht, wie ich in zwei Dritteln der Zeit all meine Arbeit erledigen sollte."

Natürlich denke ich das auch oft. Aber was ist wirklich wichtig? Sich Zeit für die Kinder nehmen, die Steuererklärung, gesundes Essen kochen, regelmäßige Bewegung sind wichtig, aber oft nicht so dringend. Und leider sind es oft die wichtigen Dinge, die wir immer auf die lange Bank schieben. Wir verschieben sie so lange, bis uns der Termin entweder im Nacken sitzt und die wichtige Angelegenheit eben auch dringend wird, oder bis es gänzlich zu spät ist. Scheinbar dringende Aufgaben drängen sich uns auf, die wir meinen sofort erledigen zu müssen, und dabei bleiben die wirklich wichtigen Dinge auf der Strecke.

Prioritäten

Diese Geschichte über Prioritäten findet sich auch schon in „Lebe leichter", aber sie ist zu gut, um sie nicht noch einmal zu erzählen.

Die Geschichte vom Blumentopf und dem Bier

Ein Philosophie-Professor in einem Hörsaal voller Studenten hatte einige Gegenstände vor sich. Als der Unterricht begann, nahm er wortlos einen großen Blumentopf und begann diesen mit Golfbällen zu füllen. Er fragte die Studenten, ob der Topf nun voll sei. Sie bejahten es.

Dann nahm der Professor einen Behälter mit Kieselsteinen und schüttete diese in den Topf. Er bewegte den Topf sachte, und die Kieselsteine rollten in die Leerräume zwischen den Golfbällen. Dann fragte er die Studenten wiederum, ob der Topf nun voll sei. Sie stimmten zu.

Der Professor nahm als Nächstes eine Dose mit Sand und schüttete diesen in den Topf. Natürlich füllte der Sand den kleinsten verbliebenen Freiraum. Er fragte wiederum, ob der Topf nun voll sei. Die Studenten antworteten einstimmig: „Ja."

Da holte der Professor zwei Dosen Bier unter dem Tisch hervor und schüttete den ganzen Inhalt in den Topf. Der Sand war durchweicht, und die Studenten lachten.

„Nun", sagte der Professor, als das Lachen langsam abebbte, „ich möchte, dass Sie diesen Topf als Darstellung Ihres Lebens betrachten. Die Golfbälle sind die wichtigen Dinge in Ihrem Leben: Ihre Familie, Ihre Kinder, Ihre Gesundheit, Ihre Freunde, die bevorzugten, ja leidenschaftlich geliebten Aspekte Ihres Lebens. Falls in Ihrem Leben alles verloren ginge und diese Menschen und Dinge blieben, würden Sie Ihr Leben trotzdem noch als erfüllt bezeichnen.
Die Kieselsteine symbolisieren die anderen Dinge im Leben wie Ihre Arbeit, Ihr Haus, Ihr Auto. Der Sand ist alles andere, die Kleinigkeiten. Falls Sie den Sand zuerst in den Topf geben", fuhr der Professor fort, „gibt es keinen Platz mehr für die Kieselsteine oder die Golfbälle.
Dasselbe gilt für Ihr Leben. Wenn Sie all Ihre Zeit und Energie in Kleinigkeiten investieren, werden Sie nie Platz haben für die wichtigen Dinge. Nehmen Sie sich vor den Kleinigkeiten in Acht, die die wichtigsten Aspekte Ihres Lebens in den Hintergrund zu rücken drohen. Spielen Sie mit den Kindern. Nehmen Sie sich Zeit, zum Arzt zu gehen. Führen Sie Ihren Partner zum Essen aus. Es wird immer noch genug Zeit bleiben, um das Haus zu putzen oder eine Überstunde zu machen. Achten Sie zuerst auf die Golfbälle, die Dinge, die wirklich wichtig sind. Setzen Sie Ihre Prioritäten. Der Rest ist nur Sand."
Einer der Studenten erhob die Hand und wollte wissen, wofür denn das Bier stehe.
Der Professor schmunzelte: „Ich bin froh, dass Sie das fragen. Das Bier soll Ihnen zeigen: Egal, wie schwierig Ihr Leben auch sein mag – es ist immer noch Platz für ein oder zwei Bierchen."

Überprüfen Sie einmal die Prioritäten, die Sie im Leben setzen. Ist alles tatsächlich so wichtig, wie Sie meinen? Vergessen Sie nicht, dass Sie selbst auch ein Golfball in Ihrem Leben sind. Sie sind genauso wichtig wie alle anderen auch. Achten Sie auf sich, nehmen Sie Ihre Bedürfnisse genau so wichtig wie die der anderen. Nehmen Sie sich Zeit für sich, Sie sind es wert.

Ich nehm sie mir
Und dann musste ich eines Tages doch ein wenig grinsen. Mein großer Sohn kommt nachmittags von der Schule nach Hause und sagt zu mir: „Mama, ich versteh das gar nicht, in letzter Zeit machst du nachmittags irgendwie nichts mehr. Du sitzt rum und liest, sitzt vorm Rechner, hast Zeit für uns, das kenn ich ja gar nicht von dir." – „Du hast mich doch drauf gebracht", erwidere ich lächelnd. „Aber woher hast du auf einmal die Zeit?" – „Ich nehm sie mir."
Wir entscheiden weitgehend selbst, wie wir unsere Stunden, Tage, Wochen und Monate verbringen. Warum nicht entscheiden, sich Augenblicke für sich selbst zu nehmen?

Ruhe finden

Mit dem Zeitgeist zu gehen heißt auf der einen Seite, immer mehr in immer kürzerer Zeit zu erledigen. Auf der anderen Seite ist bereits deutlich geworden, dass es ohne Entspannung keine zufriedenstellende Leistung gibt. So haben große Firmen sogar für ihre Mitarbeiter Entspannungsmöglichkeiten wie Ruhe- oder Fitnessräume geschaffen, um das Leistungsniveau anzukurbeln.

Entschleunigung ist das Trendwort des neuen Jahrtausends. Entschleunigung ist das Gegenteil von Beschleunigung. Das heißt, das Leben im Privaten wie im Beruflichen bewusst langsamer anzugehen, gegen den Strom zu schwimmen, um bewusst der Hektik entgegenzuwirken. Eine Stufe runterdrehen, Zeit für sich selbst finden, achtsam das Leben betrachten, Prioritäten richtig setzen und selbst zur Ruhe kommen. Das sind mittlerweile die Ziele, nach denen gestrebt wird. Wie kann man das aber erreichen, ist doch der Druck von außen nicht minder groß. Wo finde ich da noch Ruhe und kann trotzdem mein Arbeitspensum, meinen Alltag schaffen?

Perfektion gibt es nur im Himmel

Wie sieht unsere Anspruchshaltung aus? Wenn ich tatsächlich immer auf der oberen Gewinnerskala mitschwimmen muss, Siege davontragen will und allgemeine Anerkennung ernten möchte, dann wird es mir schwerfallen, innere Ruhe zu finden. Kann ich mich nicht auch mit einem Mittelmaß begnügen? Muss immer alles perfekt sein?

Oft ist es gar nicht unbedingt der Druck von außen, der uns immer wieder zu Höchstleistungen antreibt, wir stehen uns selbst so oft im Wege. Unser eigener Anspruch „perfekt" zu sein treibt uns an, ohne Unterlass zu schuften. Oftmals hat das Bestreben perfekt zu sein mit unseren Erfahrungen aus der Kindheit zu tun. Eltern, Erzieher aus dem Kindergarten, Lehrer, Mitschüler, Verwandte haben uns bewertet und eingeteilt in „gut" oder „schlecht". Für gute Leistungen wurden wir gelobt, schlechte brachten Ärger oder Ablehnung. Es wurden Aussagen über uns gemacht, die unser Leben geprägt haben. Was passiert, wenn Sie einem Kind immer wieder sagen, es sei dumm? Wie aber fühlt es sich an, wenn dieses Kind mit guten Noten nach Hause kommt? Wir haben gelernt, dass es Anerkennung und Liebe gibt, wenn wir gute Leistungen bringen. Das hat sich in unserem Unterbewusstsein verankert. Und als Kinder haben wir das geglaubt, was über uns ausgesprochen wurde. Wir glaubten den Eltern, den Erzieherinnen im Kindergarten, den Lehrern, unseren Mitschülern. Wir hatten nicht das Selbstbewusstsein, negative Aussprüche nicht an uns heranzulassen. Wir wollten gemocht werden, also strengten wir uns an. Das Bedürfnis, geliebt zu werden, ist das stärkste Bedürfnis eines Menschen. Und wir haben gelernt: Wenn wir gute Leistungen bringen, dann werden wir geliebt.

Wenn wir an uns selbst den Anspruch von Perfektion stellen, dann versuchen wir uns Gott gleichzustellen. Gott hat nie Perfektion von uns gefordert. Ehrliche Demut ist ihm lieber. Indem ich mich entscheide, nicht perfekt zu sein, kann Gott immer noch Dinge in und an mir verändern. Ich wähle nicht täglich die perfekten Lebensmittel für das perfekte, gesunde Essen aus. Es gibt auch mal etwas Ungesundes. Ich vergreife mich auch mal an Schokolade oder esse viel zu viel, weil es einfach so lecker ist. Ich liebe Ordnung im Haus, aber manchmal ist es auch chaotisch, darf es auch sein. Ich erziehe meine Kinder, so gut ich es kann. Ist nicht perfekt, aber besser krieg ich's nicht hin. Und wer bitteschön schreibt uns vor, was perfekt ist? Der Entschluss, nicht perfekt sein zu wollen, gibt meinem Leben so viel Entspannung und Leichtigkeit, weil ich nicht im Wettkampf mit mir selber und anderen stehe.

Vergleichen gilt nicht

Wir fangen an, uns mit anderen zu vergleichen, streben danach, besser zu sein. Unser Anspruch an uns selbst wird dabei immer größer, die Arbeit immer mehr. Wir meinen, das alles schaffen zu müssen, und arbeiten noch mehr. Aber selbst wenn wir die anderen überholt haben, reicht es uns oft doch nicht.

Wir fühlen vielleicht eine leichte Befriedigung, aber die nächste Herausforderung steht schon vor der Tür. Wir wollen um jeden Preis noch besser sein, als wir sind, und kommen ständig an unsere Grenzen. Vielleicht ernten wir anerkennende Blicke, aber geliebt werden wir dadurch noch lange nicht. Schlimmer noch: Wir fangen an, uns selbst zu verachten, da wir den Anspruch, den wir uns selbst auferlegen, nicht schaffen.

Hören Sie auf, sich mit anderen zu vergleichen. Es wird immer etwas geben, auf das Sie neidisch sein könnten. Es gibt immer jemanden, der etwas besser kann als Sie. Aber es gibt auch eine ganze Reihe Dinge, die Sie besser können. Gönnen Sie anderen ihre Vorzüge, freuen Sie sich mit ihnen, deswegen schneiden Sie nicht schlechter ab.

Anderen etwas zu gönnen hilft mir selber, mit mir und meiner Situation zufrieden zu sein. Meiner Freundin zu gönnen, dass sie 10 kg abgenommen hat und traumhaft aussieht, lässt mich ja nicht gleich hässlich erscheinen. Warum nicht dem anderen Gutes gönnen? Das ist entspannend und lässt mich selber viel ausgeglichener und auch schöner wirken. Betrachten Sie andere Menschen weiterhin, aber ersetzen Sie Neid durch ehrliche Anerkennung. Ich muss mich nicht mit anderen vergleichen. Ich kann mich gar nicht vergleichen, weil jeder Mensch von Gott einzigartig geschaffen ist. Jeder hat seine ganz besonderen Vorzüge von Gott erhalten. Nur weil mein Gegenüber attraktiv, schlank und inspirierend wirkt, bin ich nicht gleich hässlich, dick und langweilig. Machen Sie das Beste aus sich, das genügt!

Gesunder Ehrgeiz

Versuchen Sie Ihre Haltung von „perfekt" in „gesunder Ehrgeiz" zu verändern. Es geht nicht darum, plötzlich faul auf dem Sofa zu liegen und nichts mehr zu tun. Ein gesunder Ehrgeiz spornt uns an, gute Leistungen zu bringen, uns zu konzentrieren, zu motivieren und immer wieder auch Neues auszuprobieren. Ein gesunder Ehrgeiz hilft uns, Visionen zu entwickeln, uns weiterzubilden, nicht stehen zu bleiben, sondern auch immer offen für Neues zu sein. Lassen Sie sich aber nicht von Ihrem Leistungsstreben auffressen. Ihre Bereitschaft, sich zu engagieren, sollte nicht über Ihre eigenen Kräfte hinausgehen, sondern Sie zu gesunden Erfolgen bringen.

Entspannung

Ist es uns gelungen, unseren Anspruch zu senken, Perfektionismus zu entlarven und abzulegen, und uns auch nicht immer mit anderen zu vergleichen, wird dies dennoch nicht ausreichen, um zu einer ausgeglichenen Ruhe für Körper, Geist und Seele zu gelangen. Für seine eigene Entspannung ist jedermann selbst verantwortlich. Praktisch bedeutet dies, dass sich jeder sein eigenes, speziell bei ihm wirksames Entspannungsverfahren zusammenstellt. Zur persönlichen Entspannung können dabei viele Tätigkeiten beitragen. Das Lesen eines Buches, ein Sonnenbad im Garten, ein Spaziergang mit dem Hund, ein Saunabesuch, das Hören guter Musik, Sex, Tanzen, ein Glas Wein vor dem Fernseher und dergleichen mehr. Einige dieser Möglichkeiten nutzen Sie zum Entspannen, einige andere kämen für Sie nie in Frage. Jeder von uns verfügt über einen bevorzugten Sinneskanal, sei es das Sehen, Hören, Fühlen, der Geruchssinn oder der Geschmackssinn. Bei der persönlichen Entspannung spielt dieser bevorzugte Sinneskanal natürlich eine ganz besondere Rolle. Gehen Sie zum Beispiel gerne in die Oper oder in ein Konzert, ist vermutlich das Gehör Ihr bevorzugter Sinneskanal. Schauen Sie sich lieber einen guten Film an oder gehen in der Betrachtung eines Kunstwerks auf, ist es wahrscheinlich, dass Sie eher visuell veranlagt sind.

Finden Sie heraus, was Ihnen guttut. Wobei können Sie am besten abschalten und die Anspannung des Alltags lösen? In der „Wohlfühlliste" auf Seite 74 finden Sie einige Möglichkeiten, die Ihnen helfen sollen, ihre persönlichen Wohlfühlzeiten gut zu füllen.

Entspannungsmethoden

Reichen Ihnen Ihre persönlichen Wohlfühlmomente nicht aus, möchten Sie gerne eine tiefere Form der Ruhe und Entspannung für sich kennenlernen, gibt es verschiedene Entspannungsverfahren, deren Wirksamkeit meistens auch medizinisch-wissenschaftlich belegt ist. Jedes dieser Entspannungsverfahren beruht auf einem bestimmten Bild vom Menschen und davon, wie der Mensch am besten zur Ruhe kommt. Nicht alle dieser Auffassungen möchte man vielleicht teilen, dennoch wird es für jeden ein Verfahren geben, mit dem er sich bedenkenlos anfreunden kann.

Ein Entspannungsverfahren ohne direkten religiösen Hintergrund bietet zum Beispiel die Progressive Muskelrelaxation nach Edmund Jacobson. Es empfiehlt sich, einen Kurs zu belegen, um dieses Verfahren von ausgebildeten Therapeuten zu erlernen. Nach dem Kurs ist man dann in der Lage, sich mit dieser Methode zu entspannen.

Ruhe finden in Gott

So verbringe ich meine Stille Zeit mit Gott
Ein Erfahrungsbericht von Susanne F.

Am liebsten habe ich meine Stille Zeit mit Gott in der Natur. Seit gut einem Jahr begleitet mich meine Hündin „Gucci" tagtäglich frühmorgens zu unserem gemeinsamen Spaziergang. Kein Morgen ist gleich, ich bin jedes Mal, wenn ich auf die Wiesen und Felder blicke, überwältigt von der Natur, die sich in ganz verschiedenen Facetten darbietet. Mal erlebe ich einen Sonnenaufgang, mal ist es trüb oder nebelig oder auch regnerisch. Am Anfang habe ich recht leise gebetet, damit mich ja keiner hört, jetzt kann ich mit lauter Stimme meine Gebete sprechen, ohne Angst zu haben, es könnte peinlich werden. Gemeinschaft mit Gott zu haben ist nicht peinlich, sondern sehr erfüllend für mich. Während meiner Gebetszeit tanke ich Kraft, ich bringe alle meine Sorgen und Probleme vor Gott. Und glauben Sie mir, ich habe manchmal das Gefühl, die Sorgen hören einfach nicht auf und werden nicht weniger, auch wenn ich mir das noch so sehr wünsche.

Ich fühle mich getragen von Gott, er schaut in mein Herz und kennt mich durch und durch. Es ist für mich faszinierend, dass mich jemand so gut kennt, dass ich ihm nichts vormachen kann. Gott ist für mich nicht nur ein liebender Vater, sondern ich habe auch bei meinen Spaziergängen erlebt, dass Gott mich dazu bringt, Buße zu tun, wo ich nicht gerade nett mit meinen Mitmenschen umgegangen bin. Da muss ich ihn nicht fragen: „Woher weißt du das?" Ich habe es doch schon längst vergessen! Ich – aber nicht Gott. Das meine ich mit der Aussage: Er kennt mich durch und durch.

Vergebung auszusprechen und zu erfahren ist für mich einfach Gnade. Ich bin dankbar dafür. Das ermutigt mich, den Tag mit Gott neu zu beginnen. Mein Tag besteht nicht nur aus Sorgen und Problemen, sondern auch aus Freude. Wenn ich meine gesamte Familie im Gebet segne, unsere Freunde und die Gemeinde, dann blicke ich erwartungsvoll auf das Kommende und frage mich: „Was wird mir dieser Tag bringen?" Ich weiß es nicht, kann es nicht beeinflussen oder steuern. Gott hält alles in seiner Hand, mich und auch Sie.

Gelöst und befreit laufe ich am Ende meines Spaziergangs mit Gucci nach Hause, um mich für die Arbeit fertig zu machen, mit der völligen Gewissheit: Gott ist mit mir, egal, wie mein Tag verläuft.

Der Kirchenlehrer Augustinus brachte das Grundproblem schon vor so vielen Jahren auf den Punkt. Nichts Neues, denken Sie. Und, frage ich, wo liegt dann das Problem? Ruhe finden vor Gott ist nichts Neues, und doch wird diese „Entspannungsmethode" so oft vernachlässigt oder belächelt.

> **Unruhig ist meine Seele, bis sie Ruhe findet in dir.**
>
> AUGUSTINUS

Natürlich sind die kleinen Wellness-Oasen, die Sie in der Wohlfühlliste auf Seite 74 finden, Balsam für Körper und Seele. Mit einer guten Entspannungstechnik kommen Sie immer wieder mal zur Ruhe. Das reicht aber nicht, um unser Herz wirklich zur Ruhe zu bringen.

Die Bibel lehrt uns, dass der Mensch auf die Gemeinschaft mit Gott hin geschaffen ist. Tief in unserem Inneren bewegt diese Sehnsucht den Menschen, auch wenn er sie nicht wahrnimmt. Wenn Sie trotz der Veränderung Ihrer Lebensumstände nicht zu einer wirklichen Zufriedenheit gelangen, dann überdenken Sie Ihre Beziehung zu Gott neu. Suchen Sie sich eine(n) erfahrene(n) Seelsorger(in) und überlegen Sie, was Ihnen in Ihrem Leben wirklich fehlt.

Mir geht es so: Wenn ich regelmäßig die Bibel lese, merke ich, wie mich das beschäftigt, verändert und mir auch im Alltag hilft. Wenn ich mich vertrauensvoll im Gebet an Jesus wende, ihn um Ruhe bitte, dann verändert er mein Inneres und lässt mich ein Gleichgewicht für meine Seele finden.

Anfangen

Es geht nicht darum, Gott einen Gefallen zu tun, ein Pflichtprogramm zu absolvieren, das hat er gar nicht nötig. Aber Sie werden merken, wie gut es Ihnen tatsächlich tut, wenn Sie sich darauf einlassen, Jesus zu Ihrem Herzen sprechen zu lassen. Nehmen Sie sich zu Beginn jeden Tag zehn Minuten Zeit. Schlagen Sie Ihre Bibel auf, egal, wo Sie anfangen, nehmen Sie sich fünf Minuten Zeit zum Lesen. Dann klappen Sie das Buch zu, schließen Ihre Augen und lassen Ihren Gedanken freien Lauf. Versuchen Sie eine Haltung einzunehmen, die auf Jesus hin gerichtet ist. Vielleicht formulieren Sie ein Gebet in Ihrem Herzen, sprechen Sie es ruhig aus. Oder lassen Sie es in Ihren Gedanken zu Gott wandern. Sie können ihn bitten, worum Sie möchten. Sie können auch einfach nur warten, ob er zu Ihrem Herzen spricht. Wiederholen Sie dieses Ritual täglich, bis es zur Gewohnheit geworden ist. Sie können sich auch mehrmals täglich diese 10 Minuten zurückziehen, oder Sie verlängern die Zeit, ganz so, wie Sie es möchten und es Ihnen guttut.

Lassen Sie sich diese Zeit von niemandem nehmen, auch nicht von sich selbst. Versuchen Sie, diese Minuten als Ritual in Ihren Tagesablauf einzubauen.

Gebetstagebuch

Gehen Sie noch einen Schritt weiter und notieren sich wichtige Gedanken, Erkenntnisse, Eindrücke, die Sie gewonnen haben, in einem Tagebuch. Ich habe dafür eine wunderschöne Kladde, die ich immer neben meiner Bibel liegen habe. Dort kommen alle meine guten Gedanken hinein. Manchmal sind es Erfahrungen, die ich gesammelt habe, manchmal Ereignisse, die ich festhalten möchte, manchmal aber auch ein Eindruck, dass Gott zu meinem Herzen spricht.

> ### *Und so ging die Geschichte von Miriam H. weiter (vgl. S. 39ff):*
> Ich gehöre von meiner Natur aus nicht unbedingt zu den Leuten, die gerne schreiben. Ich liebe es, Briefe zu bekommen, aber dass ich jetzt unbedingt darauf antworten müsste … Außerdem hab ich eine wirklich schlimme Handschrift. Die kann sowieso kaum ein Mensch lesen! In meiner Teeniezeit hab ich eine kleine Weile lang Tagebuch geschrieben. Bis meine Mutter es gefunden hat. Noch heute schäme ich mich für das, was sie (möglicherweise) damals über mich gedacht haben muss! Diese Phase ging auch schnell vorbei. Und dennoch: Ich liebe Kladden. Ich mag diese bunten Bücher voller leerer Seiten, kariert oder liniert, die außen eine feste Hülle haben und ein hübsches Dekor; in kaum einem Geschäft kann ich dran vorbeigehen, ohne wenigstens eine zu kaufen.
> Und dann kam der Tag, als mein Leben völlig zu Ende zu sein schien. Alles, von dem ich geglaubt hatte, es würde niemals vergehen, war kaputt. Das Einzige, was mir geblieben war, war das Wissen, dass Gott real ist. Sonst nichts! Und daran klammerte ich mich. Ich weinte, jammerte, bettelte, dass Gott mir helfen solle. Ich wollte ein Wunder! Sofort! Ich wollte mein altes Leben zurück! Ich lag auf meinem Teppich im Wohnzimmer, und auf einmal war dieser Gedanke da: „Ich liebe dich, mein Kind." Meine Uhren tickten laut, draußen hörte ich den Wind durch die Blätter im Garten rauschen, meine Katze maunzte an der Tür, aber diese Worte schienen mir wirklich ausgesprochen worden zu sein. Also steckte ich mir beide Finger in die Ohren und fragte: Was? Wie bitte? Und da war dieser Satz in mir: „Ich liebe dich, mein Kind!" Ja toll, Gott, das weiß ich, du liebst alle Menschen, das hab ich

schon im Kindergottesdienst gelernt, das ist grad nicht unbedingt das, was ich brauche. „Ich sorge für dich, hab keine Angst." Wie bitte? Keine Angst? Sag mal, weißt du eigentlich, was hier los ist? Moment mal, du kannst doch alles. Jetzt zeig mal, was du draufhast! „Du bist wertvoll für mich!" Ich will grad nicht wertvoll sein, ich brauch Hilfe!!! „Ich kümmere mich um euch!" Aha, so kommen wir weiter. „Sieh auf mich, ich sorge für euch. Halte still und warte, und mein Wort wird an dich ergehen!" Zu viel auf einmal. Das kann ich mir nicht alles merken! Gott, bist das wirklich du, der zu mir spricht? Her mit einem Stift, einer Kladde, das muss ich mir aufschreiben.

Ich suchte mein Schreibzeug zusammen, hockte mich wieder auf den Teppich und wartete. Und Gott kam! Ich hatte das Gefühl, als ob ich mich beim Schreiben überschlagen würde. Als ob Gott seit langer Zeit nur drauf gewartet hätte, dass ich ihm endlich Gelegenheit geben würde, zu mir zu reden! Liebesworte, Ermahnung, tröstende, Mut machende Worte, alles, was ich brauchte, wonach ich mich sehnte. Ich war so begeistert von dieser für mich ganz neuen Art von Beziehung, dass ich unbedingt wollte, dass jeder in meiner Umgebung das Gleiche erleben sollte. Also verschenkte ich massenweise Kladden und war enttäuscht, wenn ich hören musste, dass jemand nicht so ganz willig war, Gott auf meine Art zu begegnen. Es dauerte ein wenig, bis ich begriff, dass Gott für jeden seine ganz persönliche Art hat. Ich brauche das Aufschreiben, weil ich so ganz oft nachblättern kann und mich erinnern kann, was Gott gesagt hat. Ich erkenne einen roten Faden und kann ganz neu erleben, auf welche wunderbare und unglaublich liebevolle, einzigartige Weise er für mich sorgt. Gott will reden! Eine Beziehung ohne Kommunikation gibt es nicht! Und es lohnt sich, das auszuprobieren.

Ruhetage

Um so richtig zur Ruhe zu kommen, empfehle ich Ihnen, sich einmal im Jahr eine richtige Auszeit zu gönnen. Ein Wochenende nur für Sie alleine. Das kann in einem Hotel sein, einer Berghütte, in einem Kloster oder in einer Pension. Sie dürfen natürlich gerne auch ein Wellnesswochenende buchen, aber das ist nicht zwingend notwendig. Wichtig ist, dass Sie Zeit mit sich selbst verbringen. Also nehmen Sie keine Freundin und auch nicht Ihren Partner mit. Sie tanken auf, Sie reflektieren Ihr Leben, Sie lernen zur Ruhe zu kommen und tun Ihrer Seele und Ihrem Geist Gutes.

Nur ein wenig Zeit für mich: Was jeden Tag geht

Wohlfühlliste

Nehmen Sie sich einen Stift mit einem Block, eine Tasse heißen Tee, eine Stunde Zeit und machen Sie es sich auf Ihrem Sofa gemütlich. Und nun überlegen Sie einmal in Ruhe, womit Sie sich wohlfühlen würden. Gibt es kleine Dinge, die Sie täglich in Ihren Alltag einbauen können, um sich selbst etwas Gutes zu tun? Nicht immer haben wir die Möglichkeit, einen ganzen Tag Auszeit zu nehmen. Die Anforderungen des Alltags müssen bewältigt werden. Oft sind es nur einige Minuten, vielleicht mal eine halbe Stunde, die wir uns Zeit für uns nehmen können. Dann stehen wir oft vor der Frage, was eigentlich genau wir jetzt tun möchten. Eine Wohlfühlliste (s.u.) soll Ihnen dabei helfen, in solchen Momenten schnell das

Richtige zu finden, um kurz aufzutanken. Lassen Sie Ihrer Fantasie freien Lauf, Sie dürfen alles hineinschreiben, was Ihnen Spaß macht und Sie einen kleinen Moment aus den Verpflichtungen herausholt. Es soll eine persönliche Zeit nur für Sie sein. Vielleicht fallen Ihnen am Anfang nicht so viele Möglichkeiten ein. Dann bleiben Sie dran, mit der Zeit kommen immer mehr Alternativen dazu. Sie können Ihre Liste spontan immer wieder erweitern. Wenn Ihnen mal irgendwann im Laufe des Tages wieder eine gute Idee kommt, schreiben Sie sie sofort auf. Bei einer Befragung in einem meiner Lieblingsforen kamen folgende Ideen heraus. Suchen Sie sich Ihre Favoriten heraus und ergänzen Sie sie mit Ihren eigenen Vorstellungen vom Wohlfühlen.

Ideen für Wohlfühlminuten

Spazieren gehen, joggen oder walken

Bibel lesen

Entspannungsübung

Ein Buch lesen

Beten

Freunde treffen

Telefonieren mit einer Freundin

Schaumbad mit Kerzenschein und Duftöl, evtl. einer Lektüre

Im Hängestuhl entspannen

Handarbeiten

Chatten/Internet – Tipp: Wecker stellen und Rechner ausmachen, wenn die Zeit um ist

Sich einem Forum anschließen, andere Frauen treffen, Tipp: www.fromme-hausfrau.de

Meiner Lieblingssportart nachgehen

Kochen/backen

Sich in die Sonne setzen, Augen schließen und die warmen Strahlen auf der Haut genießen

Spaziergang mit dem Hund

Eine Gesichtsmaske, dabei hinlegen, entspannen und sich bewusst an etwas Positives erinnern

Eine Tasse Tee aus der Lieblingstasse trinken

Eine Orange ganz bewusst und sinnlich schälen und essen

Ein Saunabesuch

Malen

Trampolin springen mit passender Musik

Eine Dusche mit einem besonderen Duftduschgel nehmen, danach mit einer besonders gut riechenden Bodylotion eincremen

Ein Stück Schokolade mit allen Sinnen genießen

Entspannung finden und Kräfte tanken während der Stillen Zeit mit Gott. Gelingt dann, wenn diese Zeit nicht als zwanghaftes Muss mit festen Regeln gestaltet wird

Katze oder Hund streicheln

Singen

Ein Musikinstrument spielen

Im Wald spazieren gehen

Bewusst Musik hören, nicht nebenbei. Nach Stimmung Liedermacher oder Klassik, Anbetungsmusik oder Rock-Pop

Einen Cappuccino am Nachmittag mit einem kleinen Keks genießen

Mal wirklich fünf Minuten Ruhe haben, ohne Kind und Telefon und ohne an die nächsten Dinge zu denken

Liebe Grüße, die man als Briefe oder Karten erhalten hat, lesen

Ohne Zeitdruck etwas im Garten wühlen

Eine Ecke in der Wohnung umstellen und schön gestalten

Sich in einem aufgeräumten Wohnzimmer an der schönen Wohnung erfreuen

Eine Zeit mit dem Ehemann verbringen, ohne irgendwelche organisatorischen Dinge zu besprechen

Mit den Kindern abends oder am Wochenende Karten spielen

Kreuzworträtsel oder Sudoku

Abends ein Gläschen Rotwein

Bewusst einen Film/eine DVD aussuchen und abends ansehen

In einer Zeitschrift blättern

Auf dem Balkon ein paar Minuten die ruhige Nacht genießen

Filmmusik von Ihrem Lieblingsfilm hören

Falls Sie einen Kamin haben: dem Knacksen des Holzes lauschen

Ein Fotoalbum mit alten Fotos der Kinder vom Urlaub oder anderen Ereignissen anschauen

In einer Mappe schöne Bilder oder Texte sammeln. In einer ruhigen halben Stunde durchblättern und stöbern

Am Spinnrad sitzen. Absolut entspannend! Dieser gleichmäßige Bewegungsablauf ist sehr beruhigend

Auf einem Instrument alte Choräle spielen

Vorgelesen bekommen

20 Minuten Mittagsschläfchen – sooft es geht oder sogar regelmäßig

Tanzkurs mit Ihrem Mann

Ein Kinoabend mit Freundinnen

Ein Cappuccino in einem schönen Café

Abends um 20 Uhr in den Schlafanzug springen und sagen: „Feierabend, bin nicht mehr zu sprechen", und dann ein schönes Buch lesen

Massage

Stadtbummel

Einen langen Brief schreiben und schön gestalten

Einen Strauß Blumen schneiden im Garten

Sport im Studio, danach ein Saunabesuch

Ein Vormittag mit einer Freundin beim Frühstück

Schöne Karten schreiben und dann verschicken

Tanzen

Einfach nur dasitzen, aus dem Fenster schauen und ein bisschen rumträumen. Obwohl da ein Berg Wäsche liegt, der gebügelt werden möchte

Tagebuch schreiben

Hier ist Platz für Ihre persönlichen Wohlfühlminuten:

....

....

Jeden Tag etwas Zeit alleine

Was für die eine Entspannung und Wohlfühlen bedeutet, ist für die Nächste Stress. Für mich gehört es z.B. auch zur Entspannung, wenn ich eine Stunde laufen gehe oder meinen Lieblingskuchen backe. Sie setzen sich vielleicht lieber für eine halbe Stunde aufs Sofa, stricken oder lesen ein Buch. Auch sind die Bedürfnisse von Tageszeit, Jahreszeit und Stimmung abhängig. Was ich gestern gerne gemacht habe, muss nicht automatisch auch heute noch Spaß machen. So sollten Sie sich Ihre eigene Liste zusammenstellen. Machen Sie es sich zur Aufgabe, jeden Tag mindestens eines der Dinge von dieser Liste zu tun. Egal was. Dann können Sie jeden Abend mit gutem Gefühl sagen, dass Sie auch für sich etwas getan haben, und wenn es manchmal nur eine Kleinigkeit ist.

Viel Zeit für mich: Was geplant sein will

Heike allein unterwegs
Ein Erfahrungsbericht von Heike N.

Ja, ich habe es getan!! Ich habe meinen Plan aus der Schublade geholt, der schon seit mehreren Jahren ausgearbeitet dort lag und auf Verwirklichung wartete. Fragen , ob ich das darf, ob es die rechte Zeit ist, hatte ich mittlerweile mit „Ja" beantwortet und begab mich auf eine dreiwöchige Reise in die Ortenau. Meinen 18-jährigen Sohn habe ich mit Informationen und Geld versorgt und natürlich mit einem Plan, was wie und warum während meiner Abwesenheit zu tun ist. Meine 21-jährige Tochter hatte ich nach einer psychischen Erkrankung und langen Odyssee in einem geeigneten Internat unterbringen können, in dem sie endlich die Hilfe bekommt, die sie braucht und die ich ihr leider nicht geben kann. Also konnte ich einigermaßen beruhigt diese Reise antreten, auf die mich vor mehr als fünf Jahren eine Fernsehsendung gebracht hatte.

Es sollte eine Belohnung für mich sein, dass ich die letzten fünf sehr schweren Jahre gut gemeistert und überstanden habe. Die eigentlich undenkbare Trennung vom Vater meiner Kinder hatte mir den Boden unter den Füßen weggezogen, aber ich habe die damit verbundenen seelischen Schmerzen überstanden. Das Leid meiner Kinder miterleben zu müssen, war zeitweise schier unerträglich. Ich habe daran gearbeitet, die Zukunftsangst – auch in finanzieller Hinsicht – in den Griff zu bekommen.

Am 24. August 2008 setzte ich mich in meinen vollgepackten Skoda und fuhr in Richtung Süden. Was mich wohl in den drei Wochen erwarten würde? Einiges hatte ich geplant, damit ich vorbereitet in meinem Urlaubsgebiet ankommen würde. 25.8.: 10.30 Uhr Gästebegrüßung und Stadtrundgang; 26.8.: Radtour alleine durch die Oberkircher Stadtteile (30 km); 27.8.: 11 Uhr geführte Wanderung in die Weinberge; 28.8.: geführte Mühlenwanderung in Ottenhöfen. Am 29.8. fuhr ich nach dem Frühstück zu den Allerheiligen-Wasserfällen.

Stand nicht auf meinem Plan, aber es passte so gut in diesen Tag, da ich um 14 Uhr in der Nähe einen Termin für einen Tandem-Gleitschirmflug hatte. Ich ging vom unteren Parkplatz die Wasserfälle bis zur Klosterruine hinauf und freute mich über die Schönheit der Natur. Es waren nur wenige Menschen unterwegs. Die Sonne schien, es war ein herrlicher Spätsommertag und ich war sehr dankbar: Ich durfte hier sein und das alles genießen. Ich fühlte mich rundherum wohl.

Danach fuhr ich über Oppenau in Richtung Zuflucht zum Roßbühl, um pünktlich zu meinem Termin zu erscheinen. Schon um 13 Uhr saß ich auf der Bank der Gleitschirmwiese und war von dem Panorama, welches sich mir bot, überwältigt. Ich sprach zwei Frauen an und diese erzählten mir bis zur Ankunft des Gleitschirm-Lehrers von der Fliegerei. Zwischendurch fiel mir auf, dass ich kein bisschen aufgeregt war, und ich überlegte, dass das ja wohl noch kommen könne. Schließlich wartet da ein spezielles Ereignis auf mich, da werde ich doch wohl vorher ein wenig Herzklopfen bekommen! Dann ging alles ganz schnell. Der Kleinbus von Sky Sports fuhr auf den Parkplatz, Bent, mein Lehrer, begrüßte mich, ich schüttelte seiner Frau die Hand, Helm auf, angeschnallt und los. Die Aussicht beim Flug unterschied sich nicht wesentlich von der, die ich von der Bank aus auf der Wiese hatte. Und dann war nach 20 Minuten alles vorbei und ich landete mit Bent auf der buckeligen Feuchtwiese eines Bauern. Es dauerte ein wenig, bis mir klar wurde, dass ich tatsächlich geflogen war.

Belohnt mit einem Stück Schwarzwälder Kirschtorte und einmal mehr mit einer netten Begegnung, fuhr ich in mein Hotel zurück und ruhte ein wenig aus. Denn ich hatte mich frühmorgens in der Tourist-Information des Urlaubsortes zu einer Fackelwanderung am Abend für 21.15 Uhr angemeldet. Der Wanderführer, der Mittwoch die Wanderung über den Geigerskopfturm zum Schloss Stauffenberg nach Durbach geleitet hatte, machte auch freitags für die Gäste eine Fackelwanderung. Mittwoch hatte er gemeint, dass diese Abendveranstaltung sicherlich mehr Atmosphäre hätte, wenn mehrere Menschen mitgehen würden, und ich hatte mich amüsiert geäußert, wie komisch es wohl sei, wenn nur zwei oder drei Leute mit Feuer durch die Weinberge laufen würden.

Ich saß pünktlich um 21 Uhr vor der Tourist-Info auf der Bank und wunderte mich: keine weiteren Teilnehmer in Sicht. Nun ja, schoss es mir durch den Kopf, dann wird das wohl heute Abend nichts und ich kann mich mit einem Glas Wein in den Sonnenhof setzen. Es kam ein Auto, der Wanderführer, ich nenne ihn mal Herr S., stieg aus und forderte mich auf, in seinem Wagen Platz zu nehmen. Ich war erstaunt, belustigt, er wolle doch jetzt wohl nicht mit mir alleine eine Fackelwanderung machen? Doch, erwiderte er bestimmt, es ginge jetzt los. Glaub ich jetzt nicht, schüttelte ich den Kopf, stieg aber ein. Nach wenigen Minuten parkte Herr S. das Auto unter mehreren Bäumen an einem Holzstapel. Ich stieg aus und Herr S. holte seinen Rucksack aus dem Kofferraum, öffnete diesen und zog zwei Fackeln heraus. Nein, Herr S., wir zwei Figuren mit Fackeln durch die Weinberge? Ja. Also Feuerzeug aus der Tasche gekramt und Fackeln an. Kurze Anweisung von Herrn S.: Wir laufen jetzt ca 1 ¼ Stunden und kommen dann zur Fatima-Kapelle („Waren Sie dort schon mal, Frau N.? Nein? Das hab ich mir gedacht!", sagte er lächelnd) und anschließend zu einem Aussichtspunkt, und dann sehen wir, was wir mit dem Abend noch anstellen werden. Okay. Los. Es war dunkel, sternenklarer Himmel und gar nicht kalt. Ich musste immer wieder den Kopf schütteln: Passiert mir das hier gerade?

Nachdem wir geklärt hatten, dass die Lichter zwischen den Weinreben keine Glühwürmchen waren, wie ich vermutet hatte, sondern die Straßen- und Häuserbeleuchtung des kleinen Ortes Ringelbach, gingen wir weiter, und ich merkte an meinem schweren Atem, dass es ziemlich bergan ging. Wiederholte kleine Pause, umschauen und staunen. Was für eine schöne Aussicht! Das macht Lust, weiterzulaufen. Nach ca. einer Stunde erreichten wir etwas außer Puste die Fatima-Kapelle. Was für eine Stimmung! Fackelbeleuchtung in der kleinen Kapelle, mir wurde sehr warm ums Herz. Passiert mir das alles?

Nun waren es nur noch wenige Schritte bis zu einem Aussichtspunkt, von dem man die beleuchtete Stadt sehen und bis nach Straßburg schauen konnte. Nein, zu viel Schönheit kann ich manchmal kaum ertragen, dann werden die Augen feucht.

Auf die Frage von Herrn S., ob ich Sinn für Romantik hätte, antwortete ich etwas zögernd mit „Ja". Das hätte er doch schon merken müssen, wäre ich sonst mit zu einer Fackelwanderung gegangen? Da holte er zwei weitere Fackeln aus seinem Rucksack und schlug diese mit einem kleinen Hammer in die Erde. Und dann die nächste Frage: Ob ich jetzt etwas gegen einen Schluck Rotwein hätte. Sprachlos schüttelte ich den Kopf: Nein, ich hatte nichts dagegen, und so hockten wir uns wie zwei Teenies auf die runde Panoramatafel, die hier oben stand, und tranken unseren Rotwein. Redeten über Gott und die Welt, genossen die Aussicht und den Sternenhimmel, und ich erhielt die Einladung, am nächsten Tag an einer Schnäpsleprobierveranstaltung teilzunehmen, die ich sehr gerne annahm.

Was hätte so ein schönes Ereignis noch toppen können? Nichts! Es war mein Ereignis des Tages, da kamen auch der Gleitschirmflug und die Wasserfälle nicht mit, tut mir leid.

Nachdem ich zurück in meinem Hotelbett lag, dachte ich bei schöner Musik über dieses wunderbare Erlebnis nach. Unverhofft wurde mir so etwas Schönes geschenkt! Bei näherer Betrachtung fielen mir so viele Dinge ein, die mich angerührt hatten in dieser herrlichen Landschaft: zur Rheinebene hin die Obstplantagen und Gärten und in den Bergen die wunderschönen Aussichten und die Weinreben, an denen der Sonnenschein in Weintrauben eingefangen wird.

Auch die weiteren Tage meiner Reise waren wunderschön: traumhaftes Wetter, herrliche Ausblicke und immer wieder die Frage: Sind Sie allein unterwegs? Dem ersten Fragenden hatte ich noch ausführlicher geantwortet, nun war ich mir bewusst geworden, dass ich nicht „allein" unterwegs war, sondern „mit mir". Hatte ich mich doch anlässlich eines Seminars vor einigen Jahren in einem Kloster endlich wiedergefunden! Wenn man mich nicht darauf angesprochen hätte, ich hätte es zu keinem Zeitpunkt meiner Reise bemerkt, dass ich keinen (Reise-)Begleiter hatte. Ein gutes Gefühl.

Zum Abschluss meiner Reise besuchte ich ein Konzert. Das war eine Belohnung, aber mit tieferem Sinn und Auswirkungen. An diesem Nachmittag ist mir bewusst geworden, wie viel Kraft ich aus der Natur und den Begegnungen mit Menschen geschöpft hatte. Mir wurde klar, dass ich die letzten Jahre scheibchenweise gelernt hatte und in diesen drei Wochen diese (Erfahrungs-)Scheiben zur Wurst zusammengelegt hatte. Ich kann alleine leben, und das nicht schlecht! Ich kann nicht nur auf Dinge angemessen reagieren, die von außen an mich herangetragen werden, nein! Ich habe die Kraft und den Mut, selbst Dinge in Gang zu setzen, und das Vertrauen, dass es mir gelingt und ich Menschen geschenkt bekomme, die mir bei meinen Vorhaben helfen, falls es nötig ist. Ich habe ein Stück mehr Vertrauen zu mir bekommen. Und ich habe ein Stück Gelassenheit gelernt, wenn ich mal nicht auf direktem Wege ans Ziel kam. Ich manchem Fall konnte ich den Umweg zum Ziel mit einem Lächeln annehmen und sah auch noch die Schönheiten am Wegesrand. Das war neu für mich und gefällt mir an mir.

Ein Kurzurlaub

Und wenn es doch ein wenig Wellness sein soll? Oft wünschen wir Frauen uns tatsächlich mal, ein wenig „verwöhnt" zu werden. Das ist dann oft auch eine Frage der Finanzen. Nicht jede kann sich einen teuren Luxus-Wellnessaufenthalt in einem 5-Sterne-Hotel leisten. Aber es gibt auch schon preiswertere Angebote, z.B. für einzelne Wellnesstage. Im Internet finden sich viele Angebote für jeden Geldbeutel. Um unseriöse Anbieter auszuschließen, erkundigen Sie sich vorher persönlich in Ihrem Hotel, ob auch wirklich das angeboten wird, was Sie sich wünschen. Auch haben Sie die Möglichkeit, sich auf der Internetseite www.wellnessverband.de über die Seriosität Ihres Anbieters zu informieren. Der Deutsche Wellness-Verband führt Sie kritisch und mit breitem Sachverstand durch das vielfältige Angebot des Wellnessmarktes.

Während Sie die Tage zum Nachdenken (s. Kap. 2) alleine verbringen sollten, macht ein Wellnessurlaub in Gemeinschaft mehr Spaß. Buchen Sie doch mit Ihrer Freundin oder sogar einer ganzen Frauengruppe zusammen. Sie werden sich zwischen den Behandlungen immer wieder begegnen, können sich austauschen, einfach mal Spaß zusammen haben. Vermeiden Sie in dieser Zeit zu ernste Gespräche. Das Besprechen der Sorgen, Ängste und Nöte gehört nicht in so ein Wochenende. Sie sollten nur Spaß haben, sich wohlfühlen, auftanken, sich Gutes tun und sich verwöhnen lassen.

Ein Vormittag

Nicht immer haben wir die Möglichkeit, ein ganzes Wochenende, geschweige denn eine ganze Woche Wellnessurlaub einzuplanen. Dann heißt es umschauen, was die Umgebung zu bieten hat. In jeder Stadt gibt es Möglichkeiten, auch einmal nur einen Vormittag angenehm zu verbringen. Suchen Sie sich ein besonderes Schwimmbad oder am besten direkt eine Therme. Regelmäßige Saunabesuche bieten Ihnen nicht nur ein Plus für Ihre Gesundheit, sondern sind auch eine Gelegenheit, sich zu entspannen, abzuschalten und wohlzufühlen. Ein Besuch bei einer Kosmetikerin mit Gesichts- und Nackenmassage gibt Ihnen das gute Gefühl, etwas für Ihre Haut getan zu haben, aber auch für Ihre Seele. Zwei Stunden Nichtstun und sich nur verwöhnen zu lassen wirkt sich auch auf unsere Psyche aus. Fußpflege, Massage, all das sind Möglichkeiten, kurz aus dem Alltag zu entfliehen und sich selbst etwas Gutes zu tun.

Entspannungskurse

Belegen Sie einen Kurs zur Stressbewältigung oder ein Entspannungsseminar. Lernen Sie unter fachmännischer Anleitung, wie Sie innerlich zur Ruhe kommen können. Aber Vorsicht: Hier ist die Auswahl des richtigen Therapeuten und der richtigen Entspannungsmethode sehr wichtig. Viele Therapeuten kombinieren esoterische oder fernöstliche religiöse Weltanschauungen mit ihrem Angebot. Sie sollten sich vorher gut informieren, mit welchen Dingen sich der Anbieter beschäftigt. Haben Sie ein ungutes Gefühl im Bauch, lassen Sie die Finger davon. Bei den Entspannungstechniken müssen Sie sich 100 %ig auf den

> Lernen Sie unter fachmännischer Anleitung, wie Sie innerlich zur Ruhe kommen können.

Entspannungspädagogen verlassen können. Haben Sie irgendwelche Vorbehalte, wird es Ihnen nicht möglich sein, ganz loszulassen, und der ganze Kurs ist überflüssig.

Selbst ein Spaziergang mit einer Freundin bei schönem Wetter mit Picknick auf einer Parkbank kann Wellness für Sie sein. Vielleicht fallen Ihnen noch mehr Möglichkeiten ein. Nehmen Sie sich einmal im Monat die Zeit dazu, weil Sie es sich wert sind. Entwickeln Sie eigene Ideen für diese Zeit, und planen Sie sie rechtzeitig ein!

Das möchte ich mir ab und zu leisten:

Wellnesswochenende

Kosmetikbehandlung

Fußpflege

Massage

Entspannungskurs

Spaziergang mit Freundin

....

....

....

Idee: Ein Tag Luxus

Wer sich einmal so richtig verwöhnen lassen möchte, bucht ein Day Spa. In einem Day Spa ist das Angebot wesentlich vielfältiger als in einem herkömmlichen Kosmetikinstitut. Es gibt nicht nur Behandlungsräume für Gesicht und Körper, sondern mehrere Wohlfühleinrichtungen, wie z.B. eine Sauna, ein Dampfbad, spezielle Behandlungswannen und Einrichtungen für Wasseranwendungen. Oft stehen sogar Whirlpools oder ein Schwimmbad zur Verfügung. Ein Wellnesspaket, welches aus einer Kombination von Leistungen besteht, enthält verschiedene Anwendungsmöglichkeiten. Dementsprechend staffeln sich Zeit und Preis. Für eine einfache Gesichtsbehandlung bezahlen Sie zwischen 50 und 90 €, für ein Wellnesspaket zwischen 100 und 300 €. Der Deutsche Wellness-Verband empfiehlt als Richtwert für einen fairen Preis 1 € pro Behandlungsminute. Und selbst für ein leichtes und gesundes Essen ist normalerweise gesorgt. Während der Erholungsphasen bekommen Sie meistens viel zu trinken, vorzugsweise Kräutertee. Eine schöne, wenn auch nicht ganz preiswerte Möglichkeit, sich selbst etwas Gutes zu tun.

Wenn das Geld nicht reicht

Oft stehen unsere Wünsche in großem Widerspruch zu unseren finanziellen Möglichkeiten. Natürlich ist es wichtig, das Haushalts-Budget zu überprüfen, bevor Sie eine teure Wellnesseinrichtung besuchen. Nicht jede kann sich mal eben ein Wellnesswochenende leisten, selbst der Besuch bei der Kosmetikerin ist nicht drin. Es müssen auch nicht immer die teuersten Angebote sein. Überprüfen Sie selbst, was Sie sich leisten können. Ein Spaziergang mit der Freundin z.B. kostet Sie gar nichts. Auch ein Sauna- oder Thermenbesuch ist oft noch im Rahmen des Möglichen. Wir geben oft für so viele unnötige Dinge Geld aus und meinen, Wellness für uns selbst sei nicht drin. Finden Sie Möglichkeiten für sich, wie Sie immer wieder etwas Geld für sich zurücklegen können. Füttern Sie eine Spardose wöchentlich mit 5 oder ab und zu dem Kleingeld aus dem Portemonnaie. So sammelt sich mit der Zeit etwas Geld an, das Sie dann für sich verwenden können.

Idee: Leergut

Mir kam vor einiger Zeit eine Idee. Ich ärgere mich jedes Mal, wenn ich die zig leeren Flaschen aus der Speisekammer sortieren muss. Warum muss ich das eigentlich jedes Mal tun? Bei einem Sechs-Personen-Haushalt kommt da in einer Woche ganz schön etwas zusammen, manchmal vergehen sogar zwei Wochen, bis ich mich erbarme, das Leergut wegzubringen. Also beschloss ich für mich folgende Regelung: Wenn ich schon diejenige bin, die alle Plastik- und Glasflaschen wegbringt, vor diesen Automaten steht und eine Flasche nach der anderen schön langsam und mit Strichcode nach oben in die Annahmestelle schiebt; wenn ich mich ärgern muss, weil der Apparat mal wieder voll ist und es Minuten dauert, bis ein Mitarbeiter des Supermarkts das Gerät wieder in Gang bringt – dann schenke ich mir als Belohnung das Geld, was ich an der Kasse für meinen Beleg bekomme. Es kommt in eine Spardose und wird für Wellnesshighlights ausgegeben. So komme selbst ich auch mal zur Kosmetikerin oder lasse es mir bei einer Massage gut gehen. Entwickeln Sie in dieser Hinsicht Ihre eigenen Ideen. Seien Sie kreativ, und genießen Sie das gute Gefühl, dass es immer auch noch etwas Besonderes für Sie gibt.

Wenn die Zeit nicht reicht

Ich hoffe, dass das für Sie nicht mehr gilt. Wenn Sie dieses Buch aufmerksam gelesen haben, haben Sie bereits die Entscheidung getroffen, mehr Zeit in sich zu investieren. Sie haben Prioritäten neu gesetzt und festgestellt, dass auch Sie ein Golfball Ihres Lebens sind. Sie haben gelernt zur Ruhe zu kommen und Ihre eigenen Bedürfnisse analysiert. Sie haben sich entschieden, Ihrem Leben eine Richtungsänderung zu geben, aus dem Hamsterrad auszusteigen und neue Ziele ins Auge zu fassen. Sie haben Ihre Einstellung zum Leben, zu jeder einzelnen Aufgabe verändert und sind dabei, Stück für Stück Ihre Situation zu verändern. Es wird immer Zeit auch für Sie geben, Sie müssen sie sich nur nehmen.

Bezahlte Entspannung: eine Kur

Haben Sie schon einmal daran gedacht, eine Kur zu beantragen? „Bekomme ich eh nicht genehmigt. Was soll ich mit den Kindern machen? Was denkt mein Arbeitgeber?" Solche Gedanken hindern uns oft daran, die Sache tatsächlich in Angriff zu nehmen. Als meine Kinder noch sehr klein waren und ich einer Erschöpfungsdepression nahe war, wagte ich diesen Schritt. Eine Mutter-Kind-Kur sollte mir helfen, wieder runterzukommen und aufzutanken. Ich habe diese Kur beantragt. Mehrere Gänge zu den verschiedenen Organisationen und zu Ärzten waren notwendig. Der Antrag musste bei der Krankenkasse gestellt werden, und die Zusage kam. Es waren nur drei Wochen, mitten im Winter bei eiskaltem Wetter. Ich hatte drei Kleinkinder mit, und am Tag meiner Abreise fragte das Jugendamt bei uns an, ob wir bereit wären, noch ein Kind aufzunehmen. Im Vorfeld erzählten mir andere Mütter, wie schrecklich ihre Mutter-Kind-Kur war. Sie berichteten von kranken Kindern, auf die sie ständig aufpassen mussten, von Stress, den sie durch die Therapie hatten, und noch mehr schlimmen Dingen.

Die Voraussetzungen waren alles andere als optimal, aber ich hatte eine Entscheidung getroffen. Ich wollte, dass es gut wird. Mit dieser Einstellung bin ich an alles, was auf mich zukam, positiv herangegangen. Auch eins meiner Kinder wurde während des Aufenthalts krank, auch ich musste zum Arzt, tatsächlich waren die Therapietermine manchmal etwas eng gelegt. Aber ich hielt an meiner Entscheidung fest. Ich nahm alles mit, was ich dort bekommen konnte. Und war mir ein Termin tatsächlich zu viel, ließ ich ihn ausfallen. Ich kümmerte mich vormittags nur um mich. Anwendungen, aber auch Spaziergänge taten mir gut. Die Kinder wurden währenddessen betreut. Ab mittags waren wir dann zusammen, und ich genoss tatsächlich einmal drei Wochen lang, mich konzentriert um meine Kinder zu kümmern. Zeit, die ich mir im Alltag oft nicht genommen hatte. In Therapiegesprächen mit einer Psychologin durfte ich in Kindheitserinnerungen wühlen, viele Verletzungen kamen ans Tageslicht, aber am Ende dieser Zeit hatte ich so viel über mich gelernt wie zuvor in Jahren nicht. Ich lernte Ziele neu zu definieren, durch die Therapiegespräche fing ich an, mich selbst anzunehmen mit meinen Stärken und Schwächen. Ich begann mit Bewegung, lernte einen aufrechten Gang. Die Zeit mit den Kindern tat uns allen gut, und ich setzte viele dieser Erfahrungen später auch im Alltag um. Für mich war diese Zeit tatsächlich eine Zeit der Veränderung. Auch wenn es langsam ging, aber meine Entscheidung, etwas an meinem Leben zu verändern, traf ich genau in diesen drei Wochen. Ich lernte andere Mütter kennen, und in den Gesprächen merkte ich, wie sehr mir die Arbeit mit Frauen lag. Durch unsere Gespräche wurde ich selbstsicherer und merkte, wie ich durch meine Erfahrungen anderen Frauen helfen konnte. Das, was ich schon immer wusste, wurde mir in dieser Zeit erneut deutlich. Und so stand für mich die Entscheidung fest, dass ich mit einer Frauenarbeit beginnen würde. Ich

> Für mich war diese Zeit tatsächlich eine Zeit der Veränderung.

wollte Frauen ermutigen, ihnen in ihrem Alltag helfen, ein Stück von mir und meinen Schwächen preisgeben, um zu zeigen, dass es immer Möglichkeiten der Veränderung gibt.

Antrag stellen

Wenn Sie für sich die Entscheidung getroffen haben, eine Kur zu beantragen, sind folgende Schritte notwendig:

- Sprechen Sie als Erstes mit Ihrem Arzt. Wenn Sie tatsächlich schon an einer Erschöpfungsdepression leiden, eventuell sogar dadurch Krankheiten entstanden sind, wird er Ihnen wohlwollend eine Kur verschreiben. Er macht Ihnen auch Vorschläge, wo die Kur stattfinden soll.
- Den Kurantrag können Sie direkt bei Ihrer Krankenkasse stellen.
- Zusätzlich muss durch den Medizinischen Dienst noch die Notwendigkeit der Kur aus ärztlicher Sicht geprüft werden. Das ist oft eine zähe Angelegenheit, denn die Krankenkassen sparen natürlich gerne an solchen Maßnahmen.
Es lohnt sich daher ein Antrag für eine Mutter-Kind-Kur z.B. über den Deutschen Paritätischen Wohlfahrtsverband, das Diakonische Werk oder die Caritas. Dort werden Sie bestens beraten, wie Sie bei Ihrem Antrag vorzugehen haben, und auch auf den Besuch beim Medizinischen Dienst vorbereitet. Selbst bei einer Ablehnung der Kur vonseiten der Krankenkasse sind Ihnen diese Verbände hilfreich. Sie finden Unterstützung beim Einspruch und werden unter Umständen auf ein klärendes Gespräch mit dem Medizinischen Dienst der Krankenkassen vorbereitet, um die Notwendigkeit der Kur besser darzulegen.
- Die Krankenkassen verlangen einen Eigenanteil von 10 € pro Tag, das ist in jedem Fall mit zu berücksichtigen, allerdings fallen natürlich sämtliche Verpflegungskosten zu Hause weg.

Ernährung

Hunger der Seele

Was hat eine gesunde Ernährung mit seelischer Ausgeglichenheit zu tun, werden Sie sich vielleicht jetzt fragen? Fakt ist, dass ein großer Grund für den Appetit in unserer seelischen Unausgeglichenheit zu suchen ist. Ich will es mal den Hunger der Seele nennen. Deutlich wird dies meist dann, wenn man aufgrund von seelischen Herausforderungen zum Essen greift. Solche Herausforderungen können in Stress, Langeweile, Kummer, Unzufriedenheit oder einfach nur Erschöpfung bestehen. Oft merken wir gar nicht, dass uns eigentlich etwas anderes fehlt, mal eben ein Stück Schokolade ist oft die schnelle Lösung. Ganz deutlich wird mir das meistens in meinem Urlaub. Ich gehöre zu der Kategorie „Stressesser". Das bedeutet, dass ich in angespannten Situationen, wenn ich Höchstleistung bringen muss, dazu neige, diese Anspannung mit Essen zu kompensieren. Es gibt auch Menschen, die gerade in Stresssituationen keinen Bissen herunterbringen. Wie ich sie doch beneide.

Runterkommen

Wir fahren jedes Jahr für vier Wochen in Urlaub. Diese Zeit haben wir bewusst gewählt, da wir erst dann so richtig erholt sind. Die ersten 10 Tage brauchen wir, um „runterzukommen". Das macht sich oft gar nicht so richtig bemerkbar. Wir genießen den Urlaub schon ab dem ersten Tag, aber die richtige Entspannung setzt meist erst nach knapp zwei Wochen ein. Und das merke ich auch an meinem Essverhalten. Während ich in den ersten Tagen immer auf der Suche nach irgendetwas Süßem bin, die landestypischen Gerichte in mich hineinschlinge, merke ich nach einer Weile, dass der Hunger versiegt. Nicht wirklich der Hunger, denn ich esse natürlich immer noch. Aber wenn die Entspannung einsetzt, merke ich, dass das Essen tatsächlich nebensächlich wird. Und nicht selten nehme ich im Urlaub zwei Kilo ab, ohne dass es mich besonders viel Mühe kostet. Einfach weil ich entspannt bin. So ist eine ausgeglichene Ernährung oder auch das Wohlfühlgewicht in erster Linie nicht eine Auflistung von Diätplänen, sondern erst einmal das Erkennen der Symptome und das Herausfinden von Lösungen für sich selbst. Ich hoffe, dass Sie in diesem Buch genügend Inspiration erhalten haben, die Ihrer Seele guttut. Ein paar Ernährungstipps reichen Ihnen dann aus, um sich wohlzufühlen, vielleicht sogar ein paar überflüssige Pfunde zu verlieren.

> Wenn die Entspannung einsetzt, merke ich, dass das Essen tatsächlich nebensächlich wird.

Kein Extrem

Die schlimmsten Ernährungsfehler, die heutzutage gemacht werden, liegen im Extrem. Entweder wird viel zu viel gegessen oder viel zu wenig. Entweder die ganze Tafel Schokolade oder gar keine Schokolade. Nur Eiweiß oder nur Kohlehydrate. Entweder Diät oder Völlerei. Ich habe sie nicht gezählt, die vielen vielversprechenden Diäten, Diätbücher, Programme, die uns endlich zu unserem Wunschgewicht führen sollen. Funktionieren sie? Wenn ja, warum leiden dann immer noch so viele Deutsche unter Übergewicht? Warum muss sich sogar die Politik einschalten, um uns zu einer gesunden Ernährungsweise zu bewegen?

Was ist richtig?

Und wie bitteschön sollen wir uns denn nun ernähren? Low Carb, Low Fat, Glyx, dreimal am Tag oder fünfmal am Tag? Mittlerweile gibt es so viele verschiedene Ernährungsformen wie nie zuvor. Dürfen wir uns nun an der Kartoffel satt essen oder lieber nicht, weil sie einen zu hohen glykämischen Index hat? Reicht einmal die Woche Fleisch oder dürfen wir auch hier zuschlagen, weil wir das gute Eiweiß brauchen?

Ich bin seit zehn Jahren Ernährungsberaterin, habe Menschen ab- und wieder zunehmen sehen. Eins ist mir dabei deutlich geworden. Weder das eine noch das andere Extrem ist richtig. Jeder muss für sich persönlich ein eigenes, auf ihn zugeschnittenes Programm finden. Während die einen mit Kohlehydraten satt und zufrieden sind, schwören andere wieder auf reichlich Eiweiß. Wichtig ist doch, dass jeder für sich damit glücklich wird und das Gefühl für den eigenen Körper entdeckt. Solange es nicht übertrieben wird, ist jede bewusste Ernährungsumstellung ein Plus für die Gesundheit. Denn was die Wissenschaft heute herausfindet, kann morgen schon wieder Schnee von gestern sein. Und die Wissenschaftler sind sich auch nicht einig. Das wird an den vielen verschiedenen Diät-Formen deutlich.

So mache ich es

Vor zehn Jahren habe ich in vier Monaten 16 kg abgenommen und halte seitdem mein Gewicht, allerdings mit ganz schönen Schwankungen. Ich bin nicht die disziplinierte Asketin, die auf alles verzichtet, was schmeckt, nur der Gesundheit und der Figur zuliebe. Ich gehöre wie gesagt zu den Emotionsessern. Stress, Langeweile, Kummer, Sorgen machen sich bei mir auf den Hüften bemerkbar. So habe ich für mich eine Strategie entwickelt, die mir hilft, mein Gewicht auf Dauer zu halten. Hier ein paar Tipps, die vielleicht auch Ihnen helfen werden, Ihr Wohlfühlgewicht zu erreichen.

Morgens

Morgens esse ich meistens Obst mit 3 EL Haferflocken und etwas Milch oder Joghurt. Das hält lange satt und ich bin schon einmal mit wichtigen Vitaminen, gesunden Kohlehydraten und Eiweiß versorgt. Meinen Kaffeekonsum habe ich auf drei Tassen pro Tag reduziert. Dafür trinke ich morgens viel grünen Tee. Schmeckt, ist gesund und kurbelt den Stoffwechsel an.

Zwischendurch

Zwischendurch versuche ich nichts zu essen. Ich bin der Meinung, dass der Magen Zeit braucht, um die Nährstoffe zu verarbeiten. Außerdem gewöhnt sich mein Gaumen an das ständige Zwischendurch-Essen. In guten Zeiten sind es Apfelspalten und Möhrenstücke. In schlechten Schokolade und das Stück Käse.

Mittags

Mittags gibt es bei uns immer ein ausgewogenes Essen, bestehend aus viel Gemüse, Salat, Kohlehydraten wie Nudeln, Reis oder Kartoffeln, manchmal einem Stück mageres Fleisch, gerne immer wieder Fisch. Durch meine langjährige Berufserfahrung habe ich gelernt, mager und doch schmackhaft zu kochen. Allerdings möchte meine Familie z.B. nicht auf den panierten Fisch verzichten. Kein Problem, während der in der Pfanne in Öl vor sich hin schwimmt, bereite ich mein Filet im Dampfgarer zu. Kleinigkeiten, die nicht viel mehr Arbeit machen, sich aber enorm auf die Figur auswirken.

Nachtisch
Ich liebe Nachtisch. Gibt es bei uns fast jeden Mittag. Ein leichter Pudding, Obstsalat, Joghurt oder ein kleines Stückchen Zartbitterschokolade. Brauche ich, gönne ich mir, schmeckt mir, reicht mir.

Nachmittags
Dafür versuche ich weitgehend auf die Zwischenmahlzeit am Nachmittag zu verzichten. Gelingt mir nicht immer. Manchmal ist das Stück Kuchen doch zu verlockend. Und das gönne ich mir dann und wann.

Abends
Abends möchte ich gerne weitgehend auf die Kohlehydrate verzichten. Ob das so sinnvoll ist? Die einen sagen Ja, die anderen Nein. Ich merke für mich: Dreimal in der Woche abends nur Eiweiß und Salat zu essen tut meinem Körper gut und macht auch satt. Räucherlachs oder Forelle mit Salat, eine große Schüssel Joghurt oder Magerquark mit Früchten. An den restlichen Abenden gibt es Pumpernickel mit Hüttenkäse und Tomaten oder Vollkornbrot mit magerem Schinken. Dazu steht immer aufgeschnittenes Grünzeug oder Salat auf dem Tisch. Das reicht, um satt zu werden. Bin ich abends eingeladen oder gehe ich ins Restaurant, versuche ich den Tag über nicht so reichhaltig zu essen.

10 praktische Tipps
- Verbannen Sie das Wort „Diät" aus Ihrem Gedankengut. „Diät" hat immer auch etwas mit Verzicht zu tun. Unserem Gehirn wird suggeriert, dass wir verzichten müssen. Bekanntlich wollen wir immer gerade das haben, was wir nicht dürfen.
- Stellen Sie nach und nach Ihre Ernährung um. Suchen Sie sich ein geeignetes Programm, das können z.B. die Weight Watchers oder einfach nur die Empfehlungen der Deutschen Gesellschaft für Ernährung sein. In dem Buch „Lebe leichter" von Beate Nordstrand und mir finden Sie einen großen Motivationspool mit vielen Tipps zum Schlankwerden. Nach und nach bedeutet, nicht alles auf einmal zu verändern. Denn das klappt meistens nicht und man fällt wieder in alte Verhaltensweisen zurück.
- Bewegen Sie sich mindestens dreimal die Woche. Ausdauersportarten wie Joggen, Schwimmen, Nordic Walking vermehren die Kraft in Ihren Muskeln und fördern so die Fettverbrennung. Halten Sie sich an drei Mahlzeiten am Tag und versuchen Sie, zwischendurch entweder nichts oder höchstens Obst oder

Gemüse zu knabbern. Muss es mal das Stück Kuchen am Nachmittag sein, halten Sie das Abendessen klein. Ein Salat, ein Joghurt mit Früchten reicht dann auch einmal aus. Achten Sie auf Ihr Sättigungsgefühl. Hungern Sie nicht, aber hören Sie diszipliniert auf, wenn Sie satt sind.

- Kontrollieren Sie höchstens einmal die Woche Ihr Gewicht. Oder lassen Sie es ganz sein, und lernen Sie, darauf zu achten, ob Sie sich wohlfühlen oder nicht. Oder ob Ihre Hosen noch so sitzen, wie sie sollten. Sind sie scheinbar eingelaufen, ziehen Sie die Notbremse. Der tägliche Gang auf die Waage macht uns zu Sklaven der digitalen Anzeige und richtet in unserer Seele mehr Schaden an, als uns guttut. Gewichtsschwankungen von ca. 1 kg sind völlig normal und haben höchstens etwas mit unserem Wasserhaushalt zu tun.
- Vermeiden Sie Extreme. Nicht die Eiweißdiät, Low Carb oder Low Fat hilft Ihnen, Ihr Gewicht zu reduzieren, sondern eine ausgewogene Ernährungsumstellung. Alles, was zu sehr ins Extrem führt, hat dann schon wieder etwas mit Diät, eben Verzicht, zu tun und führt meistens unweigerlich dazu, dass Sie nach kurzer Zeit wieder aufgeben.
- Essen Sie ohne schlechtes Gewissen. Auch wenn Sie tatsächlich hin und wieder über die Stränge schlagen. Es ist nur Essen, keine Sünde. Essen ist etwas Wunderschönes, etwas, was man genießen sollte. Ein Ausrutscher kann abgehakt werden, dann geht's am nächsten Tag eben weiter.
- Versuchen Sie nicht für ein bestimmtes Ereignis mal eben schnell ein paar Kilos zu verlieren. Mag sein, dass Sie zu dieser besonderen Gelegenheit dann schlank sind, leider gesellen sich hinterher nach solchen Diäterfahrungen immer ein paar Zusatzpfunde auf die Rippen. Automatisch sagt man sich nämlich: Das Ziel ist erreicht, nun kann ich wieder schlemmen.
- Seien Sie realistisch. Vergleichen Sie sich nicht mit anderen Frauen und deren Idealmaßen. Akzeptieren Sie Ihre persönlichen Grenzen. Nicht jede Frau bewegt sich an der unteren Grenze des BMI (Body-Mass-Index). Finden Sie Ihr persönliches Wohlfühlgewicht.
- Machen Sie sich nicht verrückt. Es dreht sich nicht alles ums Ab- und Zunehmen. Ihr Glück ist nicht von Ihrem Gewicht abhängig. Gehen Sie Ihre Ernährungsumstellung locker an. Es ist noch kein Meister vom Himmel gefallen, und auch die Langsamste wird ihr Ziel erreichen. Selbst die Schnecke erreichte die Arche Noah, bevor es anfing zu regnen.
- Um ein Gefühl für die leichte Küche zu bekommen, empfiehlt es sich, ein bis zwei Kochbücher mit leckeren, kalorienarmen Rezepten anzulegen. Achten Sie aber darauf, dass die Zubereitung einfach ist, sonst bleiben die Kochbücher im Schrank. Auch das Internet bietet gute Möglichkeiten, nach Rezepten zu suchen.

Wenn sich im Leben alles ums Ab- und wieder Zunehmen dreht, dann läuft etwas falsch. Dann ist man irgendwann einmal eine alte Frau und kann im Rückblick auf die Vergangenheit höchstens sagen: „Ich habe im Leben 546 kg abgenommen und wieder zugenommen."

Bewegung

Anspannung oder Entspannung?

Bewegung ist ja wohl Anspannung, nicht Entspannung, sagen Sie. Stimmt nicht, behaupte ich. Neben dem sehr positiven Effekt, dass man etwas für seine Gesundheit tut und außerdem sein Gewicht mit Leichtigkeit hält, verbirgt sich hinter der regelmäßigen Bewegung eine tatsächliche seelische Entspannung. Hat man seinen inneren Schweinehund erst einmal überwunden, macht Sport nämlich Spaß, jedem. Am effektivsten für das eigene Wohlbefinden ist die Bewegung in der freien Natur. Ob Joggen, Radfahren, Inliner-Laufen, Schwimmen oder Nordic Walking, die Kombination eines Ausdauertrainings mit den Eindrücken der Natur ist Balsam für Seele, Körper und Geist. Als Nordic-Walking-Basic-Instructor versuche ich meinen Teilnehmern nicht nur die richtige Technik des Laufens beizubringen, sondern sie auch sensibel für das zu machen, was um sie herum geschieht. Einen Moment innehalten, um sich an der Schöpfung Gottes zu erfreuen, gehört zur Entspannung genauso dazu wie die Bewegung an und für sich.

Ausgewogen, gesundheitsbewusst, ohne Extrem

Es gibt natürlich Frauen, die sich in Fitnessstudios verausgaben, die fünfmal die Woche ihr Laufpensum schaffen müssen, um sich selbst zu beweisen, dass sie fit sind, oder um mit aller Gewalt einen schlanken, wohlgeformten Körper zu präsentieren. Einige halten das durch, für sie ist der Sport schon fast zum Lebensinhalt geworden, die meisten geben auf und fühlen sich dann umso mehr als Versager. Suchen Sie sich einen Sport, der gesund ist und der vom Zeitaufwand her zu Ihrem Lebensstil passt. Bewährt hat sich jede Art von Laufen, ob Joggen, Walken oder Nordic Walking. Sie brauchen keine allzu große Ausrüstung und können meistens von zu Hause loslaufen, ohne extra ins Auto steigen zu müssen. Sie bestimmen die Zeit und Dauer Ihres Lauftrainings selbst. Sie entscheiden, ob Sie alleine unterwegs sind oder in der Gruppe. Je nach Vorliebe können Sie mit einer Freundin plaudern, Ihren eigenen Gedanken nachhängen, beten, Musik oder ein Hörbuch hören.

Fünf Mal die Woche gelaufen: vierzig Kilo abgenommen!
Erfahrungsbericht von Sandra K.

Mein Name ist Sandra, ich bin 31 Jahre alt, verheiratet und Mutter von zwei Kindern im Alter von zwei und vier Jahren. Vor eineinhalb Jahren habe ich beschlossen, meinen körperlichen Ballast abzuwerfen, und seitdem 40 kg abgenommen. Geschafft habe ich das durch eine komplette Umstellung meiner Ernährung, meinen Willen, der nicht immer eisern war, und (oje, jetzt kommt's) viel Sport. Die Sache mit dem Sport war bei mir nicht immer einfach. Ich habe ein Haus, einen Garten, einen Mann, der unter der Woche drei bis vier Tage auf Dienstreise ist, die Kinder. Also eigentlich keine Zeit für regelmäßige Bewegung. Trotzdem laufe ich fünf Mal die Woche.

Wie das zu schaffen ist? Ich musste mir ein wenig Egoismus angewöhnen und mir den Nutzen immer wieder vor Augen halten. Bevor es losgeht, muss ich die Kinder fertig machen, zur Oma oder zum Babysitter fahren, zurück zum Treffpunkt, eine Stunde laufen, duschen, Kinder wieder holen. So werden aus einer Stunde Joggen gleich mal zwei Stunden Aufwand. Dass ich früher in dieser Zeit nicht auf der Couch gesessen habe, wird an meinem Haushalt sichtbar. Das Bad glänzt nicht ganz so, wie ich es gerne hätte, die Spülmaschine ist praktisch nie ausgeräumt und die Wäsche könnte auch mal jemand aufhängen. Aber ich habe festgestellt, dass ich nur so mein Ziel erfolgreich erreichen konnte. Meine Arbeit im Haus hat auf mich gewartet, bis ich gut gelaunt von meiner Runde zurück war!

Natürlich weiß ich, dass nicht jeder die Omas vor Ort hat. Ich habe aber auch schon oft einen Babysitter engagieren müssen. Die Sache ist mir acht Euro wert.

Mittlerweile gehört der Sport für mich dazu wie Zähne putzen. Natürlich war ich manchmal unmotiviert. Trotzdem habe ich es immer wieder geschafft, weiterzumachen, weil, so abgedroschen es sich auch anhören mag, ich und mein Ziel es mir wert sind!

10 praktische Tipps, um den inneren Schweinehund zu überwinden

- Verabreden Sie sich mit einer Freundin.
- Machen Sie einen Termin mit sich selbst aus, tragen Sie ihn in Ihren Terminplaner ein, dann kommt Ihnen nichts dazwischen.
- Laufen Sie immer zu denselben Zeiten, z.B. montags, mittwochs und freitags um 7.30 Uhr.
- Kaufen Sie sich ab und zu ein neues Sportoutfit.
- Schließen Sie sich einem Verein oder einer Gruppe an.
- Belegen Sie einen Nordic-Walking-Kurs, dort lernt man neue Leute kennen, mit denen man nach dem Kurs weiterlaufen kann.
- Schlechtes Wetter gibt es nicht. Gewöhnen Sie sich an, bei jedem Wetter zu laufen, kaufen Sie sich entsprechende Regenbekleidung. Wenn Glatteis das Laufen unmöglich macht, dann laufen Sie auf dem Trampolin.

- Kaufen Sie sich spannende Hörbücher, oder tauschen Sie mit Freundinnen. Mit Kopfhörer im Ohr und einer spannenden Geschichte wollen Sie mit dem Laufen gar nicht mehr aufhören.
- Belohnen Sie sich, wenn Sie dreimal die Woche gelaufen sind.
- Tragen Sie eine Pulsuhr und freuen Sie sich über die verbrannten Kalorien.

Nordic Walking

Nordic Walking ist ein revolutionäres Bewegungskonzept und darüber hinaus ein sehr schonendes und sanftes Ganzkörpertraining. Nordic Walking ist Lebensfreude, Lust an der Bewegung in der freien Natur, Entschleunigung des Alltags sowie der sinnvollste Belastungssport der Zukunft. Im Gegensatz zum normalen Walking werden – beim korrekten Einsatz der Stöcke – auch die Muskeln des Oberkörpers gezielt in Bewegung gesetzt.

Bei übergewichtigen Personen wird die Belastung der Gelenke durch den Stockeinsatz reduziert!

Nordic Walking ist leicht zu erlernen. Um sich die richtige Technik anzueignen, empfiehlt es sich, einen Kurs zu belegen. Wichtig dabei ist, sich die sogenannte Alpha-Technik anzueignen, wie sie zum Beispiel die Nordic-Walking-Instruktoren des DNV (Deutscher Nordic-Walking-Verband) lehren. Während Ungeübte eigentlich nur beim Walken die Stöcke spazieren tragen, ist Nordic Walking eher mit der Sportart Skilanglauf zu vergleichen. Unter Zuhilfenahme der Stöcke soll durch die

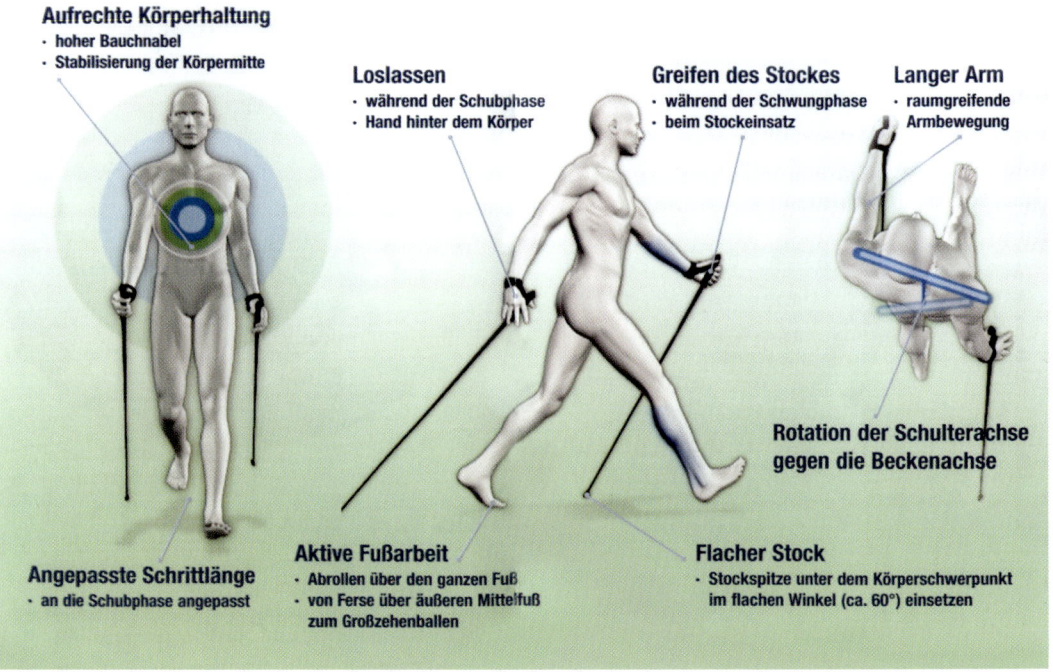

diagonale Armbewegung die gesamte Rumpf- und Armmuskulatur beansprucht werden. Das eben ist aber nur mit der richtigen Technik möglich.

Führen Sie eine raumgreifende Armbewegung (langer Arm) mit angepasster Schrittlänge bei ruhigem Tempo durch. Der Arm wird beim Laufen nicht angewinkelt, und die Hände werden während der Schubphase geöffnet, so wird gewährleistet, dass Sie Ihren Arm weit genug nach hinten bewegen können. Während der Schwungphase schließen Sie die Hände und schwingen die Hand vor den Körper. Die Stöcke berühren dabei nicht mehr den Boden, erst wenn die Stockspitze unter dem Körperschwerpunkt wieder die Schubphase einleitet.

Schlaf

Leistungskurve

Während eines Tages hat jeder Mensch seine persönliche Leistungskurve. Zeiten, in denen wir leistungsfähiger sind, wechseln sich ab mit den Momenten, in denen wir nicht so aufnahmefähig und belastbar sind. Es gibt durchschnittliche Leistungskurven, die auf die meisten Menschen zutreffen. Morgens zwischen 8 und 12 Uhr erreicht die Leistungskurve ihren Höhepunkt, sackt über Mittag zum Spätnachmittag hin ab, um dann nochmals gegen Abend zwischen 18 und 21 Uhr anzusteigen. Um Konzentrations- und Motivationstiefs zu vermeiden, ist es klug, auf diese Leistungskurve zu achten, die bei jedem etwas unterschiedlich ausfallen kann.

Ich gehöre eher zu den Morgenmenschen. Was ich am Vormittag nicht geschafft habe, macht mir am Nachmittag viel mehr Mühe. Ich laufe, putze, schreibe und arbeite morgens, um nachmittags nur noch Dinge zu erledigen, die mich körperlich und geistig nicht so sehr anstrengen. Nützt aber alles nichts, wenn ich nicht auf das Leistungstief der Nacht achte.

Sich nachts Erholung gönnen

Genügend Schlaf ist nämlich mit das Wichtigste, um gesund, glücklich, kreativ und vital zu sein. Das Gegenteil können Sie an sich beobachten, wenn Sie über einen längeren Zeitraum hinweg zu wenig Schlaf bekommen. Falls Sie Kinder haben, ist Ihnen vielleicht die Säuglingsphase noch in guter Erinnerung. Nächtelang haben wir unsere Babys durch die Wohnung getragen, kaum selber die Augen zugemacht. Morgens vor dem Spiegel haben wir vor lauter Augenrändern unser Gesicht nicht mehr gefunden. Zeiten, die vorübergehen. Wenn Sie über einen längeren Zeitraum zu wenig Schlaf bekommen, wirkt sich das auch auf Ihr seelisches und körperliches Wohlbefinden aus. Während des Schlafs werden die Informationen des Tages, die Reize und Erlebnisse sortiert, geordnet und gespeichert. Fehlen uns ein paar Stunden, dann hat das Gehirn nicht genügend Zeit, diese Arbeit zu erledigen. Wir

werden unausgeglichen, unkonzentriert und büßen Vitalität ein. Dann brauchen wir uns auch über schlechte Laune, ewiges Unwohlsein, Schlappheit und Müdigkeit nicht zu wundern.

Ich merke es sofort an meinem Körper und meiner Seele, wenn mir Schlaf fehlt. Manchmal ist es unumgänglich. Dann stehen viele Termine an, die Abende werden bei Gesprächen länger, und der Wecker klingelt morgens doch immer um dieselbe Zeit. Manchmal können wir gar nichts an solchen Ausnahmesituationen ändern. Diese Zeit, und sie ist meist nur kurz, lasse ich vorübergehen und nehme mir dann vor, einige Tage so richtig früh schlafen zu gehen. Der Erfolg lässt nicht lange auf sich warten. Ausgeschlafen bin ich wieder viel leistungsfähiger, ausgeglichener – und das sagt auch mein Spiegel.

Keine Sprechzeit

Eine Freundin erzählte mir von ihrer persönlichen Regelung. Als die Kinder noch klein waren und sie nachts nicht genügend Schlaf bekam, hat sie für sich mittags eine Stunde Auszeit genommen. Am Anfang war es während des Mittagsschlafs der Babys, später erklärte sie ihren Kindern, dass sie zwischen 14 und 15 Uhr keine Sprechzeit habe. Das war eine Zeit nur für sie alleine. Sie las ein Buch, strickte an einem Pulli, schrieb Karten oder Briefe, und innerhalb dieser Stunde legte sie sich für 20 Minuten zu einem Kurzschlaf hin. Mittlerweile sind ihre Kinder erwachsen, diese Auszeit gönnt sie sich heute noch.

Powernapping

Das Schlafbedürfnis ist von Mensch zu Mensch unterschiedlich. Als Faustregel gilt: Eine erwachsene Person braucht zwischen sieben und neun Stunden Schlaf. Auf das eigene Empfinden ist dabei zu achten. Bei zu kurzem nächtlichen Schlaf hilft oft ein Kurzschlaf während des Tages. Damit überwindet man ein Leistungstief nach dem Mittag und fördert die Leistungs-, Konzentrations- und Reaktionsfähigkeit. Das sogenannte Powernapping (power = Kraft; nap = Nickerchen) bezeichnet einen Kurzschlaf, der sogar in einigen Unternehmen gefördert wird. Dafür gibt es eigene Ruheräume, die Mitarbeiter während dieser Zeit nutzen können. Powernapping ist ein kurzer Schlaf zwischen 15 und 30 Minuten, der dazu dient, neue Energie zu tanken. Dabei soll darauf geachtet werden, dass 30 Minuten nicht überschritten werden, da man dann in Tiefschlaf fällt und es schwerfällt, sich überhaupt wieder aufzuraffen.

Den Funken entdecken

Wo bleibt die Begeisterung?

Mein Mann hat mir vor Kurzem von einer Werbung erzählt, die er im Fernsehen gesehen hat: Eine Frau liegt in den Wehen, presst mit Schwung ihr Baby raus, es fliegt durch die Lüfte wie Supermann durch sein Leben. Man sieht, wie es erwachsen wird, altert und direkt in sein Grab fliegt. Hier wurde Werbung für eine Spielkonsole gemacht mit der Aussage: „Das Leben ist so kurz. Spiel mehr."

Wir mühen uns oft so sehr in unserem Alltag ab, hetzen von einem Termin zum anderen, versuchen, Beruf, Kinder, Haushalt unter einen Hut zu bringen. Wir haben für uns selbst kaum Zeit und unser Leben kommt uns alles andere als leicht vor. Tatsache ist, dass wir alle gleich viel Zeit haben, nämlich 24 Stunden am Tag. Die Frage, die ich mir immer wieder stelle, ist, was mache ich mit und aus meiner Zeit? Momente der Entspannung auch für mich selbst einzuplanen ist wichtig und hilft mir auf dem Weg zu einer inneren Balance. Aber was ist mit der restlichen Dauer des Tages, der Wochen, der Monate, mit der Zeit, die doch mit Arbeit und Pflichten angefüllt ist? Mit welcher Einstellung gehe ich an meine Arbeit? Ist es nicht viel zu schade, nur das Wochenende, den Urlaub oder die wenige Zeit, die ganz mir gehört, als echtes „Leben" zu betrachten? Wie viel angenehmer könnte unser Leben werden, wenn uns auch die Pflichten mit Leidenschaft und Freude erfüllten!

> Der Tag ist 24 Stunden lang, aber unterschiedlich breit.

Es macht einen Unterschied, ob ich mit reinem Pflichtgefühl an meine Arbeit herangehe oder ob ich sie mit Leidenschaft ausübe. Sei es der Haushalt, die Kindererziehung, meine Partnerschaft, die Gartenarbeit, der Job, ein Sport oder ein Hobby: Dinge, die leidenschaftslos erledigt werden, die wir nur aus Pflichtgefühl tun, sind schwer, mühsam, machen keinen Spaß und das Ergebnis stellt uns meist auch nicht wirklich zufrieden.

Entdecke ich für mich dagegen den Funken der Begeisterung, dann werden viele unliebsame Arbeiten leichter, gehen schneller von der Hand, und ich habe nicht das Gefühl, „nur" zu arbeiten. Nehmen wir als Beispiel mal etwas ganz Profanes: das Staubsaugen. Es ist ein Unterschied, ob ich den Staubsauger missmutig durchs Haus schiebe mit dem Gedanken: „Wie kann eine Familie nur so viel Dreck produzieren?", oder ob ich mir meine Lieblingsmusik auf einen MP3-Player lade, die Stöpsel ins Ohr stecke und durchs Haus tanze, mit dem Staubsauger im Schlepptau. Die gleiche Arbeit mit zwei verschiedenen Einstellungen. Es kommt einfach oft nur darauf an, wie ich an eine Sache herangehe. Wenn ich selbst die ödeste Arbeit mit Leidenschaft erledige, springt der Funke automatisch über, und ich werde viel ausgeglichener. Weil ich eben Arbeit mit Spaß verbinde. Solch eine Umprogrammierung funktioniert aber nur bei einer positiven Grundeinstellung. Ich muss mich grundsätzlich selbst annehmen können. Das ist der erste Schritt. Dann kann ich negative Gedanken gezielt angehen. Das Gleiche gilt für alle anderen Bereiche. Ein wenig Kreativität ist gefragt, die Überlegung: Wie kann ich das Unangenehme mit dem Angenehmen verbinden? Wie kann ich die Pflichten, die ich zu erfüllen habe, mit Leidenschaft erfüllen?

Auf die Einstellung kommt es an

Bei so vielen Dingen in unserem Leben haben wir keine Wahl. Die Berufswahl z.B. ist durch die hohe Arbeitslosigkeit und den immer größer werdenden Anspruch auf dem Arbeitsmarkt stark eingegrenzt. Der Sozialstatus kann von uns in den meisten Fällen nicht selbst bestimmt werden. Auf unsere Lebensumstände können wir oft nur bedingt Einfluss nehmen, und selbst unser Temperament ist uns in die Wiege gelegt worden und kann von uns nicht verändert werden. Aber es gibt viele Angelegenheiten, die wir doch auch entscheiden können. Sie haben es in der Hand, Ihr Leben bejahend zu leben, gute Entscheidungen für sich selbst zu treffen. Sie können sich auf die Suche nach Gott begeben. Sie entscheiden, was Sie in Ihren Gedanken zulassen oder von vornherein verbannen. Sie treffen die Wahl über Ihre Ernährung und die Bewegung und bestimmen Ihre innere Einstellung zu allem, was Sie tun.
Treffen Sie die Wahl, welche Haltung Sie zu bestimmten Dingen einnehmen wollen. Diese Denkweise wird maßgeblich daran beteiligt sein, ob Sie Ihr Leben voller Leidenschaft leben oder eben nicht. Ist es nicht schade, nur für die angenehmen Dinge zu leben? Können wir nicht viel mehr Freude in unser Leben bringen, wenn wir eine positive Haltung einnehmen? Wenn mir auch meine Arbeit Spaß macht, dann bin ich viel zufriedener mit mir und meinen Umständen. Wenn ich immer nur darauf warte, dass „es" endlich erledigt ist, dass Feierabend ist, dass ich endlich die Füße hochlegen kann, dann brauche ich mich nicht zu wundern, dass ich ständig unzufrieden bin. Arbeit in Spaß verwandeln, dann wird das Leben schön und leicht.
Funktioniert das, fragen Sie mich? Nicht immer, aber immer wieder. Natürlich gibt es auch oft Situationen, in denen macht Arbeit einfach nur Mühe. Aber es lohnt sich, die Einstellung grundsätzlich zu verändern, weil eben immer öfter Herausforderungen Spaß machen können.

So mache ich es

- Haushalt und Gartenarbeit immer mit guter Musik im Hintergrund erledigen.
- Gebügelt wird vor dem Fernseher, noch besser mit einem Hörbuch.
- Beim Straßekehren oder Schneeschippen trage ich eine Pulsuhr und freue mich über verbrauchte Kalorien.

- Bei uns gibt es fast nur Lieblingsspeisen, die allen schmecken, so macht das Kochen Spaß.
- Bei langen Einkäufen trage ich gelegentlich einen MP3-Player und gehe streng nach Einkaufsliste.
- Büroarbeit erledige ich auf Zeit. Der Wecker wird auf eine Stunde gestellt, dazu gibt es eine dampfende Tasse Kaffee oder Lieblingstee. Wenn die Stunde vorbei ist, lege ich die Sachen weg und entspanne mich 10 Minuten. Oft bin ich nach einer Stunde so im Fluss, dass sogar das Abheften Spaß macht.
- Meinem Mann und meinen Kindern versuche ich mit Freundlichkeit zu begegnen. „Wie es in den Wald hineinruft, so schallt es wieder heraus." In diesem Sprichwort steckt mehr Wahrheit, als uns manchmal lieb ist. Wir ärgern uns oft über den Umgangston innerhalb unserer Familie und dabei achten wir nicht auf unsere eigene Stimmlage. Und wir fühlen uns selbst viel weniger gestresst, wenn wir Toleranz üben und dem anderen freundlich begegnen.
- Ich habe für mich einen Sport gefunden, der mir wirklich Spaß macht.
- Egal, was für eine Arbeit ich leiste, ich versuche, für mein Geld tatsächlich immer mein Bestes zu geben. Das gibt mir die Sicherheit, dass es besser nicht geht, und das gute Gefühl, meiner Arbeit mit Leidenschaft nachzugehen. Das Ergebnis wird in den meisten Fällen besser ausfallen, als wir uns das vorstellen können, so etwas merkt auch der Chef, und vielleicht können wir sogar mit einer Beförderung rechnen.

Fällt Ihnen spontan ein, was Sie gerne mit mehr Leidenschaft erledigen würden? Wie sieht Ihr Alltag aus, was für Herausforderungen haben Sie zu bewältigen? Führen Sie die Liste fort, und finden Sie Ihre eigenen Möglichkeiten, aus einem notwendigen Übel doch noch etwas Gutes herauszuholen.

Unliebsame Aufgaben	Möglichkeiten der Veränderung

Ich telefoniere mit einer Bekannten, die mich für ein Nordic-Walking-Wochenende in ihre Stadt eingeladen hat. „Ich bin auf dem Sprung, muss gleich nach Lindau. Ich spreche dort auf einem Frauenfrühstück und predige sonntags", erzähle ich ihr. „Na, du hast ja auch immer echt viel zu tun", bekomme ich zur Antwort.

Ja, sie hat wohl recht, auf der einen Seite. Da bedeuten zwei Tage Lindau für mich, zwei Tage meine Familie nicht zu sehen, insgesamt sieben Stunden Autofahrt einmal quer durch den Schwarzwald hinter mich zu bringen, einen Vortrag auszuarbeiten und eine Predigt, in einem fremden Bett zu schlafen, bei mir unbekannten Leuten. Sie bedeuten aber auch: zwei Tage keine Hausarbeit, nicht kochen und keine Wäsche waschen. Während sieben Stunden Autofahrt meinen Gedanken nachhängen können und gute Musik hören. Neue Menschen kennenlernen und das Vorrecht haben, ihnen mit meinen Gaben dienen zu können. Einen ganzen Nachmittag in Lindau verbringen, ohne Kind und Kegel, und abends noch gemütlich mit einer Freundin, die dort wohnt, essen gehen. Wann kann sich eine Mutter denn so etwas leisten? Wann haben wir jemals Zeit für einen ausgedehnten Stadtbummel? Wann können wir abends mal essen gehen, ohne uns Gedanken darüber zu machen, wie es den Kindern geht? Also habe ich mich sehr auf das Wochenende gefreut und es mit allen Sinnen genossen.

Lächelnde Gesichter

Nehmen Sie sich einmal die Zeit, beim Einkaufen bewusst in die Gesichter der Menschen zu schauen. Was werden Sie feststellen? Ganz selten finden Sie ein Lächeln auf einem Gesicht, ganz selten einen Ansatz von Fröhlichkeit. Bei manchem sieht es aus, als trüge er die Last der Welt mit sich herum. Wie würden andere uns beurteilen? Neigen wir auch eher dazu, die Mundwinkel herabhängen zu lassen, gedankenlos, gar nicht gewollt? Spiegelt unser Äußeres denn stets unser Inneres? Und könnten wir durch unsere Mimik etwas verändern? Es gibt so einen netten Spruch, den man öfters auf Autos liest: „Gott hat dir dein Gesicht gegeben, lächeln musst du alleine."

Keinem von uns ist das Lächeln einfach so gegeben. Fast unnatürlich kommt es uns vor, wenn wir jemanden grinsend an uns vorbeilaufen sehen. Aber kennen Sie die spontane Reaktion? Genau, man lächelt automatisch zurück. Probieren Sie es aus. Sie werden angelächelt, von der Kassiererin im Supermarkt, dem Postbeamten, dem Briefträger, dem Nachbarn, von Fußgängern, die Ihnen über den Weg laufen, Ihren Kindern, Ihrem Partner. Schenken Sie Ihrem Gesicht ein Lächeln, und stellen Sie fest, dass Sie so viel davon zurückbekommen. Und wie gut tut uns das, wenn wir nicht mürrisch angeschaut oder angesprochen werden.

Sinnbildlich übersetzt hat Jesus das zu seinen Jüngern gesagt: „Geht so mit anderen um, wie die anderen mit euch umgehen sollen" (Matthäus, 7,12). Im Zusammenhang mit dem Geben heißt es dann an einer anderen Stelle: „Nach dem Maß, mit dem ihr gebt, werdet ihr zurückbekommen" (Lukas 6,38). Das bezieht sich nicht nur auf materielle Dinge, sondern auch auf ein freundliches Wort oder einfach nur ein Lächeln.

Ich persönlich habe festgestellt, dass selbst die unangenehmsten Personen freundlich werden, wenn man ihnen nur oft genug ein Lächeln schenkt. Es lebt sich leichter mit etwas mehr Freundlichkeit im Herzen und auf dem Gesicht.

Ist Ihnen zu aufgesetzt? Dann bedenken Sie: Lächeln entspringt einer inneren Haltung, die heißt: Ich bin zufrieden mit mir selbst und genieße das Leben – ist es nicht schön? Es wirkt dann aufgesetzt, wenn es für den Lächler nicht stimmt. Also nicht krampfhaft lächeln, sondern eine innere Haltung des Lächelns einnehmen. Ein paarmal ausprobiert, wird es zur Gewohnheit. Und dann müssen Sie gar nicht mehr dran denken. Dann lächeln Sie automatisch.

Ausgelassenheit

Wenn bei uns alle am Tisch sitzen, sei es zum Mittagessen, beim Kartenspielen oder sonstigen Aktivitäten, bleibt oft kein Auge trocken. Ich weiß gar nicht so richtig, wo die Kinder das herhaben, aber einer ist schlagfertiger als der andere. Aus dem Nichts heraus entstehen oft so lustige Situationen, dass wir vor Lachen mehr unterm Tisch liegen als am Tisch sitzen.

> **Johannisbeeren**
> Ich stelle eine Schüssel voll Johannisbeeren als Nachtisch auf den Tisch. Sie sind mit Süßstoff und ganz wenig Zucker angemacht. Jonathan schreit als Erster nach dem Zuckertopf.
> Ich: „Da ist doch genug Zucker drin."
> Steven: „Die sind doch total sauer."
> Ich: „Das sind Johannisbeeren, die müssen etwas säuerlich schmecken."
> Jonathan ist schon aufgestanden, um den Zuckertopf zu holen.
> Nacheinander kippen sich Jonathan und Steven die weißen, ungesunden, leeren Kalorien über das Obst.
> Ich: „Ihr zerstört die ganzen Vitamine."
> Vlado grinst und ruft: „Tod den Vitaminen!", und kippt seine Ladung Zucker über die roten Beeren.
> Die Kinder können sich kaum halten vor Lachen.
> Manuel, während auch er die Beeren verseucht: „Lasst uns die Vitamine eliminieren!"
> Ich schüttle den Kopf, grinse und esse, ohne mit der Wimper zu zucken, tapfer meine sauren Johannisbeeren voller Vitamine.

Die schönsten Momente, die angenehmsten Situationen, Augenblicke, an die ich mich gerne erinnere, sind meistens lustig. Nicht, dass ich nicht gerne ernst wäre, nicht, dass ich nicht auch tief gehende Gespräche liebe. Aber alles hat seine Zeit und seinen Platz. Ein Leben, das ausschließlich von Tiefgang geprägt ist, wäre für mich langweilig. Wer von uns möchte immer nur über die Welt philosophieren, immerzu tief gehende Glaubensgespräche führen, nur von Nöten und Sorgen sprechen? Überlegen Sie sich einmal, in wessen Gesellschaft Sie sich wohlfühlen. Fallen Ihnen da nicht diejenigen Menschen ein, die Sie auch einmal zum Lachen bringen? Eine meiner Freundinnen ist die lustigste Person, die ich jemals kennengelernt habe. Sie hat den Kopf voller Blödsinn und ist dennoch voll von Tiefgang und Nächstenliebe. Ernste Gespräche mit ihr sind immer eine Bereicherung, aber sie verliert in allem nie ihren Humor, egal, wie schwer das Leben ihr bereits zugesetzt hat. Ihren Erfahrungsbericht lesen Sie auf Seite 39. In ihrer Gegenwart fühlt man sich immer nur wohl. Ich kann mich noch gut an einen Abend mit ihr erinnern. Wir hatten uns mit zwei weiteren Freundinnen zum Essen verabredet. Da saßen wir nun in einem idyllischen Restaurant im Landhausstil, vier gestandene Frauen mittleren Alters mit kleinen bis großen Kindern. Hatten alle unser Päckchen zu schleppen gehabt, jede so mit ihren eigenen Sorgen. Und was haben wir gemacht? Gegackert wie die Hühner, ohne Etikette, einfach aus dem Bauch und aus dem Herzen heraus. Ausgelassen sein haben wir fast verlernt. Das können oft nur noch die Kinder. Wir als Erwachsene haben oft das Gefühl, Ausgelassenheit sei nicht mehr passend. Dabei macht sie das Leben so viel leichter!

Anstelle eines Nachworts: Es liegt in Ihrer Hand

Mittlerweile sind Sie auf den letzten Seiten dieses Buches angelangt. Vieles von dem, was Sie gelesen haben, war sicherlich nicht neu für Sie. Einiges haben Sie vielleicht das erste Mal gehört. Aber es ist immer die eine Sache, zu wissen, was man tun kann, und die andere, es auch umzusetzen. Sie haben darüber nachgedacht, welche Veränderungen in Ihrem Leben stattfinden müssen. Sie haben gute Vorsätze gefasst, Ihr Leben mit mehr Ruhe, Entspannung, Ausgeglichenheit und Leidenschaft zu leben. Aber was passiert so oft mit guten Vorsätzen, die wir uns gesetzt haben? Sie gehen in der Geschäftigkeit des Alltags unter und wir verschieben sie von einem auf den nächsten Tag, die nächste Woche, den nächsten Monat, das nächste Jahr. Halten Sie Ihr Hamsterrad an, Sie alleine können die Veränderung in und an sich bewirken, das nimmt Ihnen niemand ab. Setzen Sie sich konkrete Ziele für die Umsetzung Ihrer Pläne. Eine gesunde Ernährung, regelmäßige Bewegung, ausreichend Schlaf, Ruhe finden, eine ausgewogene Zeitplanung, alles Dinge, die Sie selbst bestimmen können. Wenn nötig, dann lesen Sie dieses Buch nochmals von vorne. Schreiben Sie sich Ihre Gedanken an den Rand oder in die vorgesehenen freien Zeilen. Tun Sie sich selbst etwas Gutes, fangen Sie heute an, Ihr Leben mit allen Sinnen zu leben, befreit zu handeln und entspannt zu genießen.

Ich will verändern:	Wie setze ich das um:	Wann: